Toward An Image Of Latin American Poetry

D1085601

Toward An Image
Of Latin American Poetry

EDITED, WITH AN INTRODUCTION, BY

Octavio Armand

Logbridge-Rhodes, Inc. | Durango

Translation and publication of the works in this collection were made possible by the Center for Inter-American Relations, the National Endowment for the Arts, and the Ballantine Family Charitable Fund.

Rufino Tamayo's *Dancers Over the Sea* is reproduced on the cover of this edition courtesy of the Cincinnati Art Museum (gift of Lee A. Ault).

Library of Congress Cataloging in Publication Data appears on the last printed page of this book.

Copyright 1982, Logbridge-Rhodes, Inc.

Printed in the United States of America for:
Logbridge-Rhodes, Inc.
Post Office Box 3254
Durango, Colorado 81301

First Edition

861.008098

T737a
K
Z.

217296

Acknowledgements

The translators — particularly Naomi Lindstrom and Willis Barnstone, each responsible for more than one selection of poems, and Carol Maier, who did an excellent job recreating in English an introduction written resolutely in Spanish — patiently, earnestly worked and revised, often under the pressure of deadlines. After the initial selections for this anthology were published in the Tenth Anniversary Issue of *Review*, Rosario Santos helped keep the project in motion and provided a never-vanishing point for communication. Luis Harss, who translated the poems of Alvaro Mutis, is partly responsible for the fine tuning in other selections. From the outset Ronald Christ and Gregory Kolovakos worked selflessly on the project, reading and re-reading with me the material in translation, suggesting many changes that helped make an impossible task less forbidding. To one and all my gratitude.

Contents

Introduction

The Anthology as Systematic Ruin

Octavio Armand

Translated by Carol Maier

Every fragment of reality is a ruin. Every verbal reality—fragmentary, tentative, inadequate—is simultaneously a ruin and a monument to ruin. What can we expect from an anthology? Fragments of fragments, almost debris; not an experience of limits, as has been said about the work of Poe, but an experience of limitations. Anthology: a schematic, insinuated, almost erased literature. Traces of traces of traces. A systematic ruin. The limitations impose the poem on poetry, or on the poet. We read neither poetry nor poets: in an anthology we read poems. Reading, then, like something broken, evades the danger of sufficiency. Like the poems, reading is a point of departure. The distances between poet and poem, or between poem and poetry, seem to be drawn in the very center of those intersecting lines: not like something variable, existing in diverse degrees; but like something constant, insistent, that defines the poem, surrounding it with leaps, and dodges the more facile insinuations of its master or mastery. The reader can only read. Isn't that enough? But then what can we expect from an anthology of poetry in translation?

Everything that appears certain seems to ask us something about certainty and similarities. In this case, how does a poem resemble the other poem that is the same poem? How does the poem written in Spanish resemble the poem repeated (repeated?) in English? And does the poem read in Spanish resemble the poem that will be read in English? To read what has been read is above all to read reading, readings. The anthology has one author: its readers. Anthology: read literature, that which is written by readings. Reader's literature for readers. A plagiarism authorized by the perversity of the text, which

has been written on the blank page as if on a mirror. Who calls whom hypocritical reader, my fellow man, my brother? A dis-authorization: the author is uncreated in each reader he creates, etc.

II

Artaud extricated Van Gogh from the psychiatrists' little operetta by pointing out that, after all, Van Gogh had only cut off one of his ears. This anthology may also seem like a folly. Not only because it has been reduced in scope, but because it has been cut, without hesitation.

But is this anthology like Van Gogh's severed ear, or like that other ear, which, precisely because it was not amputated, does not seem to be his, at least not as much as the other one? There is no way to tell. What is certain is that we must acknowledge at least two exclusions.

For some time I have been lacking the minimal assumptive form that had permitted me to read certain antipoetry, that which began with Nicanor Parra, had something to say—although it may have said it halfway or twice—and insists on its pre-eminence. Latin America's true antipoetry is found in Huidobro, antipoet and magician; it is found in certain texts of Octavio Paz or Lezama. Every poet is also an antipoet. The reverse is not always true: the parasitic, the minor side of the dialectic, must be affirmed in the other. The other, in a poet, is not necessarily another; in an antipoet the other is necessarily another. There is something submissive, docile, in so-called antipoetry, and no matter how much it insists on the virulence of its antithesis it cannot very well hide that, in everything it tells and untells, the word *hipsipila* is repeated poorly. Another thing: antipoetry is currently the most academic trend in our poetry. Which is not a paradox. Logic of the marketplace: the insult, the stunt, that conscience placed, according to convenience, somewhere between the excremental and the next foundation grant, are all highly efficient. A mechanics of singing, concerned with the machine rather than wasted on the song. An extratextual literature: imitation, calculation. Does the clarification need to be extended? An example of the poet antipoet is the famous but unread Lezama, who remains on the margin—distant, distanced, unassimilable—of the ruminated and canonized. The rest: a *mester de clerecía* that intimidates in order to capitalize, insults in order to become institutionalized. There is nothing new in that: under the protection of Leon X the *capo di mati* Fra Mariano Felti could climb up on the table and run from one side to the other slapping guests in the face. Dadaism *avant la lettre*? No: here the gratuitous is also the unpunished.

It is undeniable that one of the shadows cast by the poet's image has the shape of a clown. But today's clowns, disguised in Villon's pathos or Pound's *Cantos*, neither laugh nor arouse laughter. And sometimes, under the disguise of a friendly terrorist, you find the uniform of a

policeman, a statue, an impostor. Be wary of clowns dressed like clowns. Their redundancies don't fool anyone. Even the impudence of poets has its limit; and that limit is not, nor can it be, swallowing a mirror.

The second exclusion—weren't we talking about cutting off ears?—is even more trenchant. For me, so-called conversational poetry represents the apogee of all possible verbal cynicism or masochism. To make just one observation: that lamentably distinguished poetry arises—and is sanctioned—where speech is censored. What can those minstrels have to say that they converse where *speech is censored*, that once they have really gotten underway they continue to converse and converse, *because speech is censored*. Antipoetry/conversational poetry; the antecedents are not in Rimbaud, who bequeaths a possible image of the antipoet poet: he turns out the poem and turns his back on the poem. Today's mental Gallicism goes back to the eighteenth century French salons where wigs had not yet been replaced by berets. Tell me with whom you converse and I'll tell you who you are. There are two models for these new rhetoricians: the colossal, soliloquizing figure of the orator or the less obvious but even more useful silhouette of the informer. Next to the power of a speech or a denunciation—speeches of power—conversation sounds like a chorus of *castrati*.

"No one—if we listen carefully we can still hear what Archy Armstrong, the threatened *joculator domini regis*, said to Buckingham—has ever heard of a fool being hanged for talking, but many dukes have been beheaded for their insolence." Like the French women who re-invented oral literature with their elegant conversation, Archy is from the eighteenth century. The conversational: gossip and science, poetry and intrigue. A bifid literature. An epic of instants not history, of rumor not fact, of gestures not gestes. An epic of salons. Ministers as minstrels, cardinals and wise men as troubadours, risking without risk the orthodoxy or reason in an art of surface: improvisation. Here the speech of power is the speech of passion. Not an impassioned speech: a speech that seduces by becoming aroused in itself. Woman, who used to understand only halfway, now comprehends fully: she intuits. Allegories, figures, double meaning. What is said is what is not said; one says and does not say what is not said and is said: one converses. Discuss and disguise: *trompe-l'oeil* multiplied by *trompe-l'oreille*. An epoch of large mirrors: the bed on the roof, the body on the walls, everywhere. The body is uncovered in that redundance, and what has been said appears between the lines and the words. *Cherchez la femme*: that woman is beyond language, on its other side: she listens, engages in dialogue. And that woman is language itself, softening, provoking, with gestures now as well as within grammar, not only meaning but insinuations.

Logos = tongues. In the salon you must not talk with food in your mouth; you must talk with a mirror in your mouth. That mirror is words, spinning, speaking. There is a theatre in the salon and a salon in the theatre: a redundance. Van Gogh in reverse: an epoch that put on ears. An epoch, then, like ours, except that the ears added now are the Comités de defensa, the FBI, KGB, CIA, etc. And who is the woman waiting now beyond speech? She is an abstract woman: ideology or its mirages. Which is why the conversation in our salons is every day less impassioned. Our cardinals and antipoets no longer have a surface—a dangerous thing in a world that cannot distinguish between enthusiasm and panic—and they become more abstract when more emphatic, more recondite when more confessional, more anal when more oral. Like vampires dressed as ghosts. Tell me with whom you converse and I'll tell you who you are. But, today, who could say with whom he is talking? Didn't Vitier write: "Don't pretend/that you are going to believe in my pretense"? Politics and poem: carnivals, transvestisms, pretenses. A crisis suffered by some and exploited by others.

III

For this anthology texts have been selected from only eleven poets. That is, in order to prevent the selection from becoming the pretense for a catalog, it was limited to poets who, in spite of a well defined if not definitive work, are not sufficiently known in the United States. Of course many names are missing. At best, this selection, like that single vertebra with which Cuvier was able to reconstruct the image of an animal, could be a point of departure. Would Lezama have been able to say that in the metaphor provoked by the arbitrary proximity of its texts this anthology approaches an image? I hope so, since the image provoked could present an alternative to the present distortion.

The version of Latin American poetry that is becoming established in the United States corresponds to provisional, circumstantial criteria. Only in this way is it possible to understand the partiality and/or mediocrity with which our poetry is (re)presented. Couldn't there be a bit of colonialism here, as if reading were an additional act of tourism? Shrieks and skits, the functionaries or clowns of poetry have been welcomed; precisely because of their frenetic syllogisms they will not disturb the frame by which we are defined and relegated to the strictly secondary and picturesque. All of this, although in reverse of course, attempts to appear an act of commendation.

There are exceptions: Octavio Paz is translated. Neruda is translated, though without criteria, like an active stock. But Nicolás Guillén, for example, is translated so much that Lezama is not translated, and one day he will have to be translated as a Greek poet, because whatever can be read in Guillén as Latin American poetry, or as poetry, creates

overly narrow boundaries, totally inexact frames of reference. What's worse: they are false.

True: some certainties are more certain than others. In an anthology, you can always do without what's lacking, because an arbitrariness—in this case mine—has determined the reverse: if it's lacking, do without it. We would have to ask Cantor for an anthology of poems that corresponded, with all possible exactness, to his curious anthology of numbers, infinities. I would like to believe that some of the poets selected here could enter into that possible Paradise of Cantor. Didn't one of them found a poetic system in some way analogous to Cantor's mathematical system? And isn't the infernal bible of that fascinating poetic system named *Paradiso*? Rhetorical questions. But the following poems should seem like necessary answers.

José Lezama Lima

CUBA, 1910-1976

Translated by Willis Barnstone

The publication of the novel *Paradiso* (1966) brought instant
critical acclaim to Lezama Lima. Because for years he had
remained unread, Lezama came as a surprise to most critics
and readers, his knowledge and erudition stretching beyond
the Borgesian, his style equally empowered. Now famous and
still largely unread—a true classic—Lezama Lima is one of
Latin America's significant contributions to the Spanish
language and to world culture.

In 1970 Lezama Lima's poetry was collected in *Poesía com-
pleta*. The edition included *Muerte de Narciso* (1937),
Enemigo rumor (1941), *Aventuras sigilosas* (1945), *La fijeza*
(1949) and *Dador* (1960). A volume of poetry was published
posthumously: *Fragmentos a su imán* (1978). The second part
of *Paradiso* was also published posthumously: *Oppiano Licario*
(1977). In addition Lezama Lima published several volumes of
essays. Among them: *Analecta del reloj* (1953), *La expresión
americana* (1957), *Tratados en La Habana* (1958) and *La can-
tidad hechizada* (1970).

AH, QUE TU ESCAPES

Ah, que tú escapes en el instante
en el que ya habías alcanzado tu definición mejor.
Ah, mi amiga, que tú no quieras creer
las preguntas de esa estrella recién cortada,
que va mojando sus puntas en otra estrella enemiga.
Ah, si pudiera ser cierto que a la hora del baño,
cuando en una misma agua discursiva
se bañan el inmóvil paisaje y los animales más finos:
antílopes, serpientes de pasos breves, de pasos evaporados,
parecen entre sueños, sin ansias levantar
los más extensos cabellos y el agua más recordada.
Ah, mi amiga, si en el puro mármol de los adioses
hubieras dejado la estatua que nos podía acompañar,
pues el viento, el viento gracioso,
se extiende como un gato para dejarse definir.

UNA OSCURA PRADERA ME CONVIDA

Una oscura pradera me convida,
sus manteles estables y ceñidos,
giran en mí, en mi balcón se aduermen.
Dominan su extensión, su indefinida
cúpula de alabastro se recrea.
Sobre las aguas del espejo,
breve la voz en mitad de cien caminos,
mi memoria prepara su sorpresa:
gamo en el cielo, rocío llamarada.
Sin sentir que me llaman
penetro en la pradera despacioso,
ufano en nuevo laberinto derretido.
Allí se ven, ilustres restos,
cien cabezas, cornetas, mil funciones
abren su cielo, su girasol callando.
Extraña la sorpresa en este cielo,
donde sin querer vuelven pisadas
y suenan las voces en su centro henchido.
Una oscura pradera va pasando.
Entre los dos, viento o fino papel,
el viento, herido viento de esta muerte
mágica, una y despedida.
Un pájaro y otro ya no tiemblan.

16

AH, THAT YOU ESCAPE

Ah, that you escape in the flash
when you had come upon your best definition.
Ah, my love, that you don't want to be taken in by
the questions of that newly cut star
that keeps drenching its tips in another enemy star.
Ah, if I could be sure that during the hour of bathing
a still landscape and the most delicate animals
bathed in one discursive water:
antelope, snakes with a short and evaporated gait
appear in dreams to raise quite comfortably
the fullest hair and most remembered water.
Ah, my love, if in the pure marble of goodbyes
you had left the statue that could go with us,
since wind, the gracious wind,
stretches out like a cat to let itself be defined.

A DARK MEADOW INVITES ME

A dark meadow invites me,
its firm and tight tablecloths
spin in me, doze off on my balcony.
They dominate its extension, its indefinite
alabaster cupola is recreated.
Over the waters of the mirror
a quick voice in the middle of a hundred roads,
my memory readies its surprise:
a fallow deer in the sky, dew, sudden blaze.
Oblivious to their calling me,
I slowly penetrate the meadow,
arrogant in the new melted labyrinth.
There one sees illustrious remains,
a hundred heads, bugles, a thousand operations
open their sky, silencing their sunflower.
Surprise is strange in their sky
where footsteps involuntarily fly back
and voices echo in their swollen center.
A dark meadow goes by.
Between the two, wind or fine paper,
the wind, wounded wind with this magic
death, unanimous and chased away.
One bird and another no longer shiver.

UN PUENTE, UN GRAN PUENTE

En medio de las aguas congeladas o hirvientes,
un puente, un gran puente que no se le ve,
pero que anda sobre su propia obra manuscrita,
sobre su propia desconfianza de poderse apropiar
de las sombrillas de las mujeres embarazadas,
con el embarazo de una pregunta transportada a lomo de mula
que tiene que realizar la misión
de convertir o alargar los jardines en nichos
donde los niños prestan sus rizos a las olas,
pues las olas son tan artificiales como el bostezo de Dios,
como el juego de los dioses,
como la caracola que cubre la aldea
con una voz rodadora de dados,
de quinquenios, y de animales que pasan
por el puente con la última lámpara
de seguridad de Edison. La lámpara, felizmente,
revienta, y en el reverso de la cara del obrero,
me entretengo en colocar alfileres,
pues era uno de mis amigos más hermosos,
a quien yo en secreto envidiaba.

Un puente, un gran puente que no se le ve,
un puente que transportaba borrachos
que decían que se tenían que nutrir de cemento,
mientras el pobre cemento con alma de león,
ofrecía sus riquezas de miniaturista,
pues, sabed, los jueves, los puentes
se entretienen en pasar a los reyes destronados,
que no han podido olvidar su última partida de ajedrez,
jugada entre un lebrel de microcefalia reiterada
y una gran pared que se desmorona,
como el esqueleto de una vaca
visto a través de un tragaluz geométrico y mediterráneo.
Conducido por cifras astronómicas de hormigas
y por un camello de humo, tiene que pasar ahora el puente,
un gran tiburón de plata,
en verdad son tan sólo tres millones de hormigas
que en un gran esfuerzo que las ha herniado,
pasan el tiburón de plata, a medianoche,
por el puente, como si fuese otro rey destronado.

Un puente, un gran puente, pero he ahí que no se le ve,
sus armaduras de color de miel, pueden ser las vísperas sicilianas
pintadas en un diminuto cartel,
pintadas también con gran estruendo del agua,
cuando todo termina en plata salada
que tenemos que recorrer a pesar de los ejércitos
hinchados y silenciosos que han sitiado la ciudad sin silencio,

A BRIDGE, A GREAT BRIDGE

In the middle of frozen or boiling waters,
a bridge, a great bridge that cannot be seen
but which strides over its own work in manuscript,
over its own mistrust in being able to take over
the narrow parasols of pregnant women
with the pregnancy of a question hauled on the back of a mule
which must realize its mission
of converting or extending the garden in niches
where children lend their curls to the waves,
for the waves are as artificial as God's yawn,
as the game of the gods,
as the snail covering the hamlet
with a voice tumbling with dice,
with five-year plans, and with animals that cross
the bridge lighted by Edison's ultimate safety
lamp. Happily, the bulb
explodes, and on the back of the worker's face
I have fun sticking pins,
for he was one of my handsomest friends
whom I secretly envied.

A bridge, a great bridge that cannot be seen
a bridge for carrying drunkards
who said they had to feed on cement,
while the poor cement with a lion soul
offered its wealth in miniature,
for remember that on Thursdays bridges
have a good time getting dethroned kings to cross over
who could not forget their last game of chess
played between a repeatedly microcephalic greyhound
and a great crumbling wall
like a cow's skeleton
seen through a geometric Mediterranean skylight.
Led by an astronomical number of ants
and by a camel of smoke, a great silver shark
must now cross the bridge—
actually there are only three million ants
who from such a huge effort got hernias
passing the silver shark at midnight
over the bridge, as if it were another dethroned king.

A bridge, a great bridge, but that cannot be seen
its honey-colored armors may be Sicilian vespers
painted on a tiny poster,
painted also with a great clamor of water
when everything ends up as briny silver
that we must run through despite the swollen
and silent armies that besieged the unsilent city,

porque saben que yo estoy allí,
y paseo y veo mi cabeza golpeada,
y los escuadrones inmutables exclaman:
es un tambor batiente,
perdimos la bandera favorita de mi novia,
esta noche quiero quedarme dormido agujereando las sábanas.
El gran puente, el asunto de mi cabeza
y los redobles que se van acercando a mi morada,
después no sé lo que pasó, pero ahora es medianoche,
y estoy atravesando lo que mi corazón siente como un gran puente.
Pero las espaldas del gran puente no pueden oír lo que yo digo:
que yo nunca pude tener hambre,
porque desde que me quedé ciego
he puesto en el centro de mi alcoba
un gran tiburón de plata,
al que arranco minuciosamente fragmentos
que moldeo en forma de flauta
que la lluvia divierte, define y acorrala.
Pero mi nostalgia es infinita,
porque ese alimento dura una recia eternidad,
y es posible que sólo el hambre y el celo
puedan reemplazar el gran tiburón de plata,
que yo he colocado en el centro de mi alcoba.
Pero ni el hambre ni el celo ni ese animal
favorito de Lautréamont han de pasar solos y vanidosos
por el gran puente, pues los chivos de regia estirpe helénica
mostraron en la última exposición internacional
su colección de flautas, de las que todavía queda hoy un eco
en la nostálgica mañana velera, cuando el pecho de mar
abre una pequeña funda verde y repasa su muestrario
de pipas, donde se han quemado tantos murciélagos.
Las rosas carolingias crecidas al borde de una varilla irregular.
El cono de agua que las mulas enterradas en mi jardín
abren en la cuarta parte de la medianoche
que el puente quiere hacer su pertenencia exquisita.
Las manecillas de ídolos viejos, el ajenjo mezclado con el rapto
de las aves más altas, que reblandecen la parte del puente
que se apoya sobre el cemento aguado, casi medusario.

Pero ahora es necesario para salvar la cabeza
que los instrumentos metálicos puedan aturdirse espejando
el peligro de la saliva trocada en marisco barnizado
por el ácido de los besos indisculpables
que la mañana resbala a nuevo monedero.
¿Acaso el puente al girar solo envuelve
al muérdago de mansedumbre olivácea,
o al torno de giba y violín arañado
que raspa el costado del puente goteando?

because they know that I am there,
and I go about and see my battered head,
and the immutable squadrons exclaim:
it's a pounding drum,
we lost my sweetheart's favorite flag,
tonight I want to stay asleep making holes in the sheets.
The great bridge, that matter of my head
and the drumroll coming near my home,
later I don't know what happened, but now it's midnight,
and I am crossing what my heart feels as a great bridge.
But the back of the great bridge can't hear what I say:
that I can never be hungry
because since I went blind
I put a silver shark
in the middle of my bedroom
from which I painstakingly root out fragments
which I mold in the form of a flute,
which the rain amuses, defines and corrals.
But my nostalgia is infinite
because that nourishment lasts a harsh eternity,
and it is possible that only hunger and lust
can replace the great white shark
that I placed in the middle of my bedroom.
But neither hunger nor lust nor that favorite
animal of Lautréamont will cross the great bridge
alone and vain, since the royal Hellenic breed of goats
revealed their collection of flutes in the last
international fair, and even today their echo persists
in the nostalgic swift-sailing morning, when the sea's breasts
open a small green cover and scan its collection
of pipes where so many bats have burned.
The Carolingian roses grown along an uneven line.
The water cone which mules, buried in my garden,
open in the fourth quarter of midnight,
which the bridge wants to make its exquisite possession.
The tiny hands of old idols, absinth mixed with the kidnapping
of the most lofty birds who soften that part of the bridge
leaning on the watery cement, almost Medusa-like.

But now, to save one's scalp, the metallic instruments
must be dazzling mirroring
the danger of saliva transformed into varnished shellfish
through the acid of inexcusable kisses
that morning slides out newly coined.
Maybe on turning alone the bridge wraps around
the mistletoe with olive meekness,
or around the lathe that's humped and screechy violin
scratching the side of the dripping bridge?

Y ni la gota matinal puede trocar
la carne rosada del memorioso molusco
en la aspillera dental del marisco barnizado.
Un gran puente, desatado puente
que acurruca las aguas hirvientes
y el sueño le embiste blanda la carne
y el extremo de lunas no esperadas suena hasta el fin las sirenas
que escurren su nueva inclinación costillera.
Un puente, un gran puente, no se le ve,
sus aguas hirvientes, congeladas,
rebotan contra la última pared defensiva
y raptan la testa y la única voz
vuelve a pasar el puente, como el rey ciego
que ignora que ha sido destronado
y muere cosido suavemente a la fidelidad nocturna.

And not even a morning drop can alter
the pink flesh of a remembering mollusk
in the dental opening of a varnished shellfish.
A great bridge, untied bridge
that huddles up boiling waters
and the dream that charges into the soft flesh
and the extreme of unexpected moons sounds endlessly
    the sirens
that drains their new lust for ribs.
A bridge, a great bridge, is not seen,
its boiling, frozen waters
rebound against the last wall of defense
and seize the head, and the only voice
again crosses the bridge like the blind king
who is unaware that he has been dethroned
and dies sewn softly into the fidelity of the night.

LLAMADO DEL DESEOSO

Deseoso es aquel que huye de su madre.
Despedirse es cultivar un rocío para unirlo con la secularidad de la
    saliva.
La hondura del deseo no va por el secuestro del fruto.
Deseoso es dejar de ver a su madre.
Es la ausencia del sucedido de un día que se prolonga
y es a la noche que esa ausencia se va ahondando como un cuchillo.
En esa ausencia se abre una torre, en esa torre baila un fuego hueco.
Y así se ensancha y la ausencia de la madre es un mar en calma.
Pero el huidizo no ve el cuchillo que le pregunta,
es de la madre, de los postigos asegurados, de quien se huye.
Lo descendido en vieja sangre suena vacío.
La sangre es fría cuando desciende y cuando se esparce circulizada.
La madre es fría y está cumplida.
Si es por la muerte, su peso es doble y ya no nos suelta.
No es por las puertas donde se asoma nuestro abandono.
Es por un claro donde la madre sigue marchando, pero ya no nos sigue.
Es por un claro, allí se ciega y bien nos deja.
Ay del que no marcha esa marcha donde la madre ya no le sigue, ay.

No es desconocerse, el conocerse sigue furioso como en sus días,
pero el seguirlo sería quemarse dos en un árbol,
y ella apetece mirar el árbol como una piedra,
como una piedra con la inscripción de ancianos juegos.
Nuestro deseo no es alcanzar o incorporar un fruto ácido.
El deseoso es el huidizo
y de los cabezazos con nuestras madres cae el planeta centro de mesa
y ¿de dónde huimos, si no es de nuestras madres de quien huimos
que nunca quieren recomenzar el mismo naipe, la misma noche de
    igual ijada descomunal?

CALL OF THE DESIROUS

Desirous is one who gets away from his mother.
To say farewell is to cultivate dew so as to join it to saliva's secularity.
The depth of desire does not go with the abduction of the fruit.
Desirous is to quit seeing your mother.
It is the absence of a day's event that lingers
and it is into night that that absence deepens like a knife.
In that absence a tower opens, in that tower a hollow flame dances.
So it grows immense and the mother's absence is a calm sea.
But the one who gets away doesn't spot the knife asking him,
it is the mother, the safe posterns he is fleeing.
What has descended in old blood sounds empty.
The blood is cold when it descends and when it spreads in circles.
The mother is cold and is fulfilled.
If it's for death, her weight is double and won't let us loose.
Our abandonment doesn't come through doors.
The mother is marching along a clearing, but no longer trails us.
It's along a clearing, there she is blinded and really leaves us.
Ay the one who doesn't tread that step where the mother no longer
    trails him, ay.

It's not being blind to oneself, the self-knower is mad as before,
but the pursuit would be to burn them both in a tree,
and she longs to see the tree as a stone,
as a stone inscribed with ancient games.
Our desire is not to attain or incorporate an acid fruit.
The desirous is one who gets away
and the planet at the center of the table falls from bumping heads
    against our mothers
and where are we fleeing if not from our mothers
who never want to rebegin the same card, the same night with its same
    monstrous flank?

PESO DEL SABOR

Sentado dentro de mi boca asisto al paisaje. La gran tuba alba establece musitaciones, puentes y encadenamientos no espiraloides. En esa tuba, el papel y el goterón de plomo, van cayendo con lentitud pero sin causalidad. Aunque si se retira la esterilla de la lengua y nos enfrentamos de pronto con la bóveda palatina, el papel y la gota de plomo no podrían resistir el terror. Entonces, el papel y la gota de plomo hacia abajo, son como la tortuga hacia arriba mas sin ascender. Si retirásemos la esterilla... Así el sabor que tiende a hacer punta, si le arrancásemos la lengua, se multiplicaría en perennes llegadas, como si nuestra puerta estuviese asistida de continuo por dogos, limosneros chinos, ángeles (la clase de ángeles llamados Tronos que colocan rápidamente en Dios a las cosas) y crustáceos de cola larga. Al ser rebanada la esterilla, convirtiendo al vacío en pez preguntón aunque sin ojos, las cuerdas vocales reciben el flujo de humedad oscura, comenzando la monodia. Un bandazo oscuro y el eco de las cuerdas vocales, persiguiendo así la noche a la noche, el lomo del gato menguante al caballito del diablo, consiguiéndose la cantidad de albura para que el mensajero pueda atravesar el paredón. La lámina de papel y la gota de plomo van hacia el círculo luminoso del abdomen que tiende sus hogueras para recibir al visitante y alejar la agonía moteada del tigre lastimero. La pesadumbre de la bóveda palatina tritura hasta el aliento, decidiendo que el rayo luminoso tenga que avanzar entre los estados coloidales formados por las revoluciones de los sólidos y los líquidos en su primer fascinación inaugural, cuando los comienzos giran sin poder desprender aún las edades. Después, las sucesiones mantendrán siempre la nostalgia del ejemplar único limitado, pavo real blanco, o búfalo que no ama el fango, pero quedando para siempre la cercanía comunicada y alcanzada, como si sólo pudiésemos caminar sobre la esterilla. Sentado dentro de mi boca advierto a la muerte moviéndose como el abeto inmóvil sumerge su guante de hielo en las basuras del estanque. Una inversa costumbre me había hecho la opuesta maravilla, en sueños de siesta creía obligación consumada —sentado ahora en mi boca contemplo la oscuridad que rodea al abeto—, que día a día el escriba amaneciese palmera.

WEIGHT OF TASTE

Sitting inside my mouth I attend the landscape. The great white tuba establishes mutterings, bridges and non-spiraling chains. In that tuba the paper and the huge lead raindrop are falling slowly but without causality. Although if the tongue's mat is drawn in and we suddenly confront the palatal vault, the paper and the lead raindrop could not resist the terror. Then, the paper and the lead raindrop tilting downward are like the tortoise tilting upward but not ascending. If we were to retract the mat... So, if we pulled out the tongue, the taste which tends to be pointed would be multiplied in constant arrivals, as if our door were visited constantly by bulldogs, Chinese beggars, angels (the class of angels called Thrones which quickly place things in God) and long-tailed crustaceans. Upon slicing the mat and converting the emptiness into questioning but eyeless fish, the vocal cords receive the flow of dark moisture, beginning the monody. A dark breaking of waves and the echo of vocal cords persisting night after night, the back of the shrinking cat to the dragonfly, fathering the right amount of whiteness for the messenger to be able to cross the big wall. The sheet of paper and drop of lead move toward the abdomen's luminous circle which contains its bonfires ready to receive a visitor and remove the speckled agony of the pitiful tiger. The heaviness of the palatal vault is crushing to the breath, and determines that the luminous ray must crawl between the colloids formed by the revolutions of solids and liquids in their first inaugural fascination when beginnings still spin without being able to unleash ages. Later, the successors will always maintain a nostalgia for the single limited example, a white peacock or buffalo that does not love mud, but will keep forever the communicated and attained closeness, as if we were able to walk only on the mat. Sitting inside my mouth I notice death roaming as a paralyzed hemlock dips its icy glove into a pool of garbage. A contrary habit gave me the opposite wonder, in siesta dreams I believed it a fulfilled obligation—now sitting in my mouth and contemplating the darkness surrounding the hemlock—for the scribe to awaken each day as a palm tree.

MUERTE DEL TIEMPO

En el vacío la velocidad no osa compararse, puede acariciar el infinito. Así el vacío queda definido e inerte como mundo de la no resistencia. También el vacío envía su primer grafía negativa para quedar como el no aire. El aire que acostumbrábamos sentir ¿ver?: suave como lámina de cristal, duro como frontón o lámina de acero. Sabemos por casi un invisible desperezar del no existir del vacío absoluto, no puede haber un infinito desligado de la sustancia divisible. Gracias a eso podemos vivir y somos tal vez afortunados. Pero supongamos algunas inverosimilitudes para ganar algunas delicias. Supongamos el ejército, el cordón de seda, el expreso, el puente, los rieles, el aire que se constituye en otro rostro tan pronto nos acercamos a la ventanilla. La gravedad no es la tortuga besando la tierra. El expreso tiene que estar siempre detenido sobre un puente de ancha base pétrea. Se va impulsando —como la impulsión de sonrisa, a risa, a carcajada, de un señor feudal después de la cena guarnida—, hasta decapitar tiernamente, hasta prescindir de los rieles, y por un exceso de la propia impulsión, deslizarse sobre el cordón de seda. Esa velocidad de progresión infinita soportada por un cordón de seda de resistencia infinita, llega a nutrirse de sus tangencias que tocan la tierra con un pie, o la pequeña caja de aire comprimido situada entre sus pies y la espalda de la tierra (levedad, angelismos, turrón, alondras). El ejército en reposo tiene que descansar sobre un puente de ancha base pétrea, se va impulsando y llega a caber oculto detrás de un alamillo, después en un gusano de espina dorsal surcada por un tiempo eléctrico. La velocidad de la progresión reduce las tangencias, si la suponemos infinita, la tangencia es pulverizada: la realidad de la caja de acero sobre el riel arquetípico, es decir, el cordón de seda, es de pronto detenida, la constante progresión deriva otra sorpresa independiente de esa tangencia temporal, el aire se torna duro como acero, y el expreso no puede avanzar porque la potencia y la resistencia hácense infinitas. No se cae por la misma intensidad de la caída. Mientras la potencia tórnase la impulsión incesante, el aire se mineraliza y la caja móvil —sucesiva impulsada—, el cordón de seda y el aire como acero, no quieren ser reemplazados por la grulla en un solo pie. Mejor que sustituir, restituir. ¿A quién?

DEATH OF TIME

In the void speed is like nothing else, it can caress the infinite. So the void remains defined and inert like a world of no resistance. The void also sent its first negative writing so as to persist like the non-air. The air we were in the habit of feeling: seeing?: smooth like a sheet of glass, hard like a pediment or a sheet of steel. By means of an almost invisible stretching of our limbs, we know that an absolute vacuum doesn't exist, and that there can be no infinite detached from divisible substance. Thanks to this we can live and are perhaps lucky. But let us posit some improbabilities for the sake of some joy. Let us imagine an army, a silk cord, an express train, a bridge, the rails, the air found on another face as soon as we go near a small window. Gravity is not a tortoise kissing the earth. The express must always be halted on a bridge with a broad stone base. It throbs ahead—like the impulsion of a smile, giggle, wild laughter, of a feudal lord after a garnished supper—till it tenderly decapitates, till it puts aside the rails, and, as a result of an excess of its own impulsion, slips over the silk cord. That speed of infinite progression supported by a silk cord with an infinite resistance finally feeds on its tangents touching earth with a foot, or the small box of compressed air located between its feet and the back of the earth (lightness, angelisms, nougats, larks). The army at ease must rest on the bridge with a broad stone base, it throbs ahead and finally slips concealed behind a small poplar, later in a worm with a dorsal spine cut by an electric time. The speed of the progression reduces the tangents; if we suppose it infinite, the tangent is pulverized: the reality of the steel box over the archetypal rail, that is to say, the silk cord, is suddenly halted, the constant progression derives another surprise independent of that temporal tangent, the air turns hard as steel, and the express cannot move ahead because power and resistance have become infinite. One does not fall with the same intensity as the fall. While power becomes incessant impulsion, the air is mineralized and the moving box—successive impelled—the silk cord and the air like steel, do not wish to be replaced by the crane on one lone foot. Better than substitute, restitute. To whom?

LOS FRAGMENTOS DE LA NOCHE

Cómo aislar los fragmentos de la noche
para apretar algo con las manos,
como la liebre penetra en su oscuridad
separando dos estrellas
apoyadas en el brillo de la yerba húmeda.
La noche respira en una intocable humedad,
no en el centro de la esfera que vuela,
y todo lo va uniendo, esquinas o fragmentos,
hasta formar el irrompible tejido de la noche,
sutil y completo como los dedos unidos
que apenas dejan pasar el agua,
como un cestillo mágico
que nada vacío dentro del río.
Yo quería separar mis manos de la noche,
pero se oía una gran sonoridad que no se oía,
como si todo mi cuerpo cayera sobre una serafina
silenciosa en la esquina del templo.
La noche era un reloj, no para el tiempo
sino para la luz,
era un pulpo que era una piedra,
era una tela como una pizarra llena de ojos.
Yo quería rescatar la noche
aislando sus fragmentos,
que nada sabían de un cuerpo,
de una tuba de órgano
sino la sustancia que vuela
desconociendo los pestañeos de la luz.
Quería rescatar la respiración
y se alzaba en su soledad y esplendor
hasta formar el neuma universal
anterior a la aparición del hombre.
La suma respirante
que forma los grandes continentes
de la aurora que sonríe
con zancos infantiles.
Yo quería rescatar los fragmentos de la noche
y formaba una sustancia universal,
comencé entonces a sumergir
los dedos y los ojos en la noche,
le soltaba todas las amarras a la barcaza.
Era un combate sin término,
entre lo que yo le quería quitar a la noche
y lo que la noche me regalaba.
El sueño, con contornos de diamante,
detenía a la liebre
con orejas de trébol.
Momentáneamente tuve que abandonar la casa
para darle paso a la noche.

THE FRAGMENTS OF THE NIGHT

How to isolate the fragments of the night
to grab something in one's hands
as a hare slips into darkness
separating two stars
held up in the shine of damp grass.
The night breathes an intangible dampness,
not in the center of the flying sphere,
and it ties up everything, corners or fragments,
till it forms an unbreakable web of night,
subtle and whole like fingers joined together
that scarcely let any water drip through
like a magic basket
swimming empty inside the river.
I wanted to separate my hands from the night,
but a great resonance that was not heard was heard
as if my whole body fell upon a silent
seraphin in the temple corner.
Night was a watch, not for time
but for light,
it was an octopus that was a stone,
it was a web like a blackboard full of eyes.
I wanted to rescue the night,
isolating its fragments
that knew nothing of a body,
of an organ pipe,
but only that substance that might fly about
not recognizing the blinking light.
I wanted to rescue the breathing
and it rose in its loneliness and splendor
to form a universal pneuma
before man's first appearance.
The breathing summation
forming the great continents
of dawn that smiles
with childlike stilts.
I wanted to rescue the fragments of the night
and I formed a universal substance.
Then I started to dip
my fingers and eyes into the night,
I cut loose all the barge cables.
It was unending combat
between what I wanted to take from the night
and what the night was giving me.
A sleep, with diamond contours,
stopped the hare
with clover ears.
Momentarily I had to abandon my house
to let the night come through.

Qué brusquedad rompió esa continuidad,
entre la noche trazando el techo,
sosteniéndolo como entre dos nubes
que flotaban en la oscuridad sumergida.
En el comienzo que no anota los nombres,
la llegada de lo diferenciado con campanillas
de acero, con ojos
para la profundidad de las aguas
donde la noche reposaba.
Como en un incendio,
yo quería sacar los recuerdos de la noche,
el tintineo hacia dentro del golpe mate,
como cuando con la palma de la mano
golpeamos la masa de pan.
El sueño volvió a detener a la liebre
que arañaba mis brazos
con palillos de aguarrás.
Riéndose, repartía por mi rostro grandes cicatrices.

What roughness broke that continuity
amid the night tracing the roof,
holding it up as between two clouds
drifting in buried darkness.
In the beginning that ignores the names,
the arrival of distinctness by means of tiny steel
bells and eyes
for the depth of the waters
where night was resting.
Like a fire
I wanted to rescue the recollections of night,
the chiming within the checkmate
as when we pound bread dough
with the palm of our hand.
Sleep again stopped the hare
scratching my arms
with sticks of turpentine.
Laughing, it distributed great scars on my face.

Enrique Molina

ARGENTINA, 1910

Translated by Naomi Lindstrom

"There are poets," writes Guillermo Sucre about Enrique Molina, "whose whole work is the development of a central theme; whose books are but one book; whose poems are but one great never ending poem. Time passes, history changes the face of the earth and perhaps what they sought has become an anachronism: no matter, they continue to write about/from the same initial intuition. This reiteration is no mere repetition and is in fact very distant from monotony or penury: often they are torrential poets. An insatiable intensity is involved, a continuous desire. Also, equally involved, the secret passion of oneness in diversity: the work expands toward the world and nevertheless flows back around itself."

Molina has published *Las cosas y el delirio* (1941), *Pasiones terrestres* (1946), *Costumbres errantes o la redondez de la tierra* (1951), *Amantes antípodas* (1961), *Fuego libre* (1962), *Las bellas furias* (1966), *Monzón napalm* (1968) and *Los últimos soles* (1980). Two collections are available: *Hotel pájaro* (1967) and *Obra poética* (1978).

MIENTRAS CORREN LOS GRANDES DIAS

Arde en las cosas un terror antiguo, un profundo y secreto soplo,
un ácido orgulloso y sombrío que llena las piedras de grandes agujeros,
y torna crueles las húmedas manzanas, los árboles que el sol consagró;
las lluvias entretejidas a los largos cabellos con salvajes perfumes y su
     blanda y ondeante música;
los ropajes y los vanos objetos; la tierna madera dolorosa en los tensos
     violines
y honrada y sumisa en la paciente mesa, en el infausto ataúd,
a cuyo alrededor los ángeles impasibles y justos se reúnen a recoger su
     parte de muerte;
las frutas de yeso y la íntima lámpara donde el atardecer se condensa,
y los vestidos caen como un seco follaje a los pies de la mujer
     desnudándose,
abriéndose en quietos círculos en torno a sus tobillos como un espeso
     estanque
sobre el que la noche flamea y se ahonda, recogiendo ese cuerpo
     melodioso,
arrastrando las sombras tras los cristales y los sueños tras los
     semblantes dormidos;
en tanto, junto a la tibia habitación, el desolado viento plañe bajo las
     hojas de la hiedra.
¡Oh, Tiempo! ¡Oh, enredadera pálida! ¡Oh, sagrada fatiga de
     vivir. . . !
¡Oh, estéril lumbre que en mi carne luchas! Tus puras hebras trepan
     por mis huesos,
envolviendo mis vértebras tu espuma de suave ondular.
Y así, a través de los rostros apacibles, del invariable giro del Verano,
a través de los muebles inmóviles y mansos, de las canciones de alegre
     esplendor,
todo habla al absorto e indefenso testigo, a las postreras sombras
     trepadoras,
de su incierta partida, de las manos transformándose en la gramilla
     estival.
Entonces mi corazón lleno de idolatría se despierta temblando,
como el que sueña que la sombra entra en él y su adorable carne se
     licua
a un son lento y dulzón, poblado de flotantes animales y neblinas,
y pasa la yema de sus dedos por sus cejas, comprueba de nuevo sus
     labios y mira una vez más sus desiertas rodillas,
acariciando en torno sus riquezas, sin penetrar su secreto,
mientras corren los grandes días sobre la tierra inmutable.

AS THE GREAT DAYS FLOW

An ancient terror burns in things, a deep and secret sigh,
a proud, somber acid that fills the stones with giant holes
and drives the damp apples to cruelty, and the trees the sun made
    sacred;
the rains interwoven in the long hair with wild fragrances and their
    soft, undulating music;
the dress-up and vain objects, the tender, aching wood in the tense
    violins
and chaste and docile on the patient table, in the hapless coffin,
with just, impassive angels circling round to gather in their share of
    death;
the plaster fruits and the intimate lamp where dusk condenses
and the garments drop like dead leaves around the feet of the woman
    undressing,
opening out in quiet circles about her ankles like a dense pool
with the night upon it flaming out and diving deep, drawing that
    melodious body to itself,
pulling the shadows along past the windowpanes and the dreams
    behind the sleeping faces,
while, close by the tepid room, the desolate wind laments beneath the
    ivy leaves.
Oh, Time! Oh, pallid vine! Oh, sacred weariness of living...!
Oh, sterile fire, how you struggle in my flesh! Your pure tendrils twine
    along my bones,
your gently undulating foam enclosing my spine.
And so, through the peaceful faces, the changeless turning of the
    Summer
through the still, meek furniture, the songs of joyful splendor,
everything speaks to the rapt, helpless witness, to the last creeping
    shadows,
of its unsure departure, of the hands turning into summer graze grass.
Then my heart, filled with idolatry, wakes up trembling,
as one who dreams that the shadow gets inside him and his adorable
    flesh melts down
to a slow, sweet song, crowded with floating animals and mists,
and runs his fingertips over his eyebrows, makes sure again of his lips
    and checks once more his deserted knees,
caressing his riches all around, not penetrating their secret,
as the great days flow across the changeless land.

DESCENSO AL OLVIDO

He aquí los muertos, sentados,
inmóviles alrededor del Tiempo;
adorando su pálida, eterna hoguera,
extrañamente sombríos en su reunión solitaria.

Ahí están, invadidos por marañas azules;
poblados por húmedas músicas, por tenaces cigarras.
Sobre ellos el cierzo ha pesado, y sus gestos de antaño, sus cuerpos de
    vapor,
se condensan de súbito en alargadas lluvias.

No; no hables un idioma olvidado.
No pronuncies tu nombre.
Que no giren con letal lentitud la borrada, tormentosa cabeza.
Que no te reconozcan sus huecos corazones comidos por los pájaros.

COMO DEBE DE SER

Aquí está mi alma, con su extraña
insatisfacción, como los dientes del lobo:
la narradora de naturaleza cruel e insumisa
que nunca encuentra la palabra;
y por allá se aleja un viejo tren, momentáneo y perdido,
como una luz en la lluvia, pero vuelve
a repetir su jadeo férreo y a llevarnos de nuevo
en el verde aire de los amores errantes.
Pues un tren no sólo moviliza sus hierros
sino sangre soñadora deslumbrada por el viaje,
rostros arena, rostros relámpagos, rostros que hacen música,
y puede crujir burlonamente también
cuando los demonios, en el salón comedor,
al cruzar por una pequeña estación de provincia
con un cerco de tunas y el mendigo predilecto de la Virgen,
sacaban la lengua y aplastaban su trasero desnudo contra el vidrio de
    la ventanilla.
Y nunca más vuelvas a despedirte de mí,
en medio de esta tierra cabeza abajo que se eriza en el aire frío.

DOWNWARD INTO OBLIVION

Here are the dead, sitting
still, encircling Time;
worshipping its pale, eternal pyre,
strangely somber in their lonely gathering.

There they are, invaded by blue brambles;
crowded with damp snatches of music, by stubborn locusts.
The north wind has pressed down upon them, and their old time
    gestures, their bodies of mist,
suddenly condense in protracted rains.

No; don't speak a forgotten language.
No; don't say your name.
Don't let them turn with lethal slowness their blotted-out, stormy
    heads.
Don't let yourself be recognized by their hollow hearts picked clean by
    the birds.

THE WAY IT MUST BE

Here is my soul, with its strange
dissatisfaction, like the teeth of the wolf:
the taleteller, cruel and unruly by nature,
who never finds the word;
and over there an old train pulls out of sight, there a moment, gone,
like a light in the rain, but starts back
up with its iron panting and takes us once more
through the green air of errant loves.
For a train throws into motion not just its works
but the dreamy blood bedazzled by the journey,
sandfaces, flashfaces, faces that make music,
and also it can creak with mockery
when the demons, in the dining room,
passing through a little backwoods station
with a prickly pear hedge and the beggar most beloved of the Virgin,
stuck out their tongues and plastered their naked rumps against the
    windowpane.
And never tell me goodbye again,
amid this upside down land that pricks up in the cold air.

LOS TRABAJOS DE LA POESIA

El lejano bramido de una noche cuya verde coraza se abre como un
    pescado
La infancia de la lluvia con mejillas de invernáculo en ruinas
    empañado por el vapor de las plantas
Las ligaduras sueltas que dejan cicatrices invisibles
La música de dos cuerpos escogidos por el amor para estatuas del
    fuego levantadas en una llanura infinita
O en la sombra de un puerto perseguida por una garra de plata
Con las uñas iluminadas como ventanas de hogares distantes en los
    que se ve a una pobre muchacha preparando el alimento para las
    bestias del sueño
Los rojos candelabros de palmeras donde silba el exilio
Las agujas de sangre viva los pájaros hacia el fin las nubes los trajes de
    lentejuelas marinas
Y el golpe de las pisadas en el extraño planeta llamado Tierra
Hacen el gusto a líquen de los días
La paciencia insaciable de los hombres
La ahogada del invierno arrojada a otra costa por el viento

Ahora veo el país de grandes alas
Limitado lágrima a lágrima por todo aquello que no vuelve jamás
Atravesado por la emigración de las almas arrastrando sus pesados
    cubos de sangre y sus utensilios de pasión y de cólera
Habitaciones invadidas por helechos gigantescos en los que acecha la
    fiera de aire gris de las mujeres olvidadas
Posando sus zarpas de seda en una sonrisa
Pero el solitario acaricia la cabellera de la distancia cubierta de
    plumas centelleantes y estremecida por el horror al vacío
En un reverbero de canciones y faroles en el amanecer de una estación
    desconocida torturada por los viajeros
Faroles que brillan con un hechizo venenoso
Como la serpiente de las añoranzas eternas cuyo estuche sombrío
Exhala un olor a colección de mariposas descompuestas dentro de una
    caja de terciopelo misterioso envuelta en llamas

Un desván de cenizas

Un hombre avanzando con su fantasma contra la bocanada del sueño
Contra esos torbellinos de plumas engastados en ciertos anillos de
    pájaro muerto
¡Oh son los antiguos días!
Los alcoholes terrestres:
Un poco de alimentos fríos en un pan tras un trago de sopa
La momia primaveral en su ataúd de hielo dorado
Un escorpión junto a la llave de la luz en un hotel del trópico
El cáliz de madera y ocio ofrecido a los monos por un pequeño vapor en
    un río del trópico

THE LABORS OF POETRY

The distant lowing of a night whose green armor opens out like a fish
The childhood of rain with cheeks like a hothouse in ruins misted over
    by the steam from the plants
The loose bindings that leave invisible scars
The music of two bodies singled out by love to be statues of fire arising
    from an endless plain
Or in the shadow of a port pursued by a silver claw
The talons lit up like windows of faraway homes
      where a poor girl appears, mixing the fodder
      for the beasts of dreaming
The red candelabras of palmtrees with exile whistling through
The needles of live blood the birds toward the end the clouds the sea
    spangle suits
And the tread of footfalls on the strange planet called Earth
Make up the lichen taste of the days
The insatiable patience of men
The wintertime drowned girl cast up on another shore by the wind

Now I see the country of great wings
Bounded tear to tear by everything that never will return
The emigration of souls moving over it, dragging along
    their heavy buckets of blood and their tools of passion
    and of anger
Rooms invaded by gigantic ferns inside which
    lurks the beast of gray air of forgotten women
Fixing its silken claws into a smile
But the lonely man strokes the hair of the distance covered with
    flashing feathers and shivering with horror at the emptiness
In a streetglow of songs and lamplights in the dawn of an unfamiliar
    station tortured by the travelers
Lamps that glow out with a poisonous hex
Like the serpent of the eternal yearnings whose shadowy box
Breathes forth a smell of decomposing butterfly collections in a
    mysterious velvet case engulfed in flames

An attic of ashes

A man making his way with his ghost forward against the mouthful of
    dreaming
Oh these are the ancient days!
The earthly alcohols:
A cold bite to eat on bread with a sip of soup
The springtime mummy in its gilt ice coffin
A scorpion by the lightswitch in a tropical hotel
The chalice of wood and idleness offered to the monkeys by a little
    steamship on a tropical river

Y esas trenzas abiertas sobre los senos del amor en los parajes
    indescriptibles vistos desde lo alto de una caricia
O el tañido de platos extranjeros de los cuales se alimentan algunas
    mujeres muy tristes atravesadas por un gemido o un soplo de
    novela
Y aún desnudas bajo la maldición marina
¡Oh son los antiguos días!
Pasiones miseria y orgullo
Una tienda de antigüedades saqueada por el pájaro de presa y
    esparcida al sol
Y en la que sólo vale el oro lívido del tiempo
Con diosecillos tenebrosos crujiendo bajo tus plantas
Hasta el instante de sorprender una escalinata secreta que conduce al
    sótano donde se guardan las apariciones
Con noches en cuyo fondo se ven niñas en llamas
O la enferma sentada bajo la luz del plátano
Cubierta de yeso y de magnolias sombrías sobre su alto trono de
    tortura que ha labrado el fracaso
Pero más bella que toda primavera y que toda victoria sobre el mundo
¡La gran ala de plumas inmortales que nace en todo aquello destinado
    a la muerte!

Vestidos y rostros y callejuelas anudadas por un mismo suspiro de
    adiós desesperado
Para que nunca más te maraville
Un abrazo una garganta o un sollozo de mujer que no aluda a estas
    hogueras enterradas
Reclamando las mismas joyas tenebrosas para el mismo esplendor:
La gran aureola de la lejanía
Y esos enigmas de la edad arrastrando pesados trozos insolubles de
    una existencia falsa y misteriosa
Con personajes de pulso eterno que laten en la oscuridad
Inalcanzables como toda dicha humana
Y convertidos en el resplandor de las cosas que rozaron poseyeron o
    soñaron alguna vez
En carne y hueso
Entre la llamarada de la tierra

And those braids spread open over the breasts of love in the
    undescribable vistas seen from the height of a caress
Or the drubbling of foreign dishes fed upon by some very sad women
    cut through by a moan or a novellette sigh
And still naked under the sea curse
Oh these are the ancient days!
Passions misery and pride
An antique dealer's pillaged by the bird of prey
    and strewn out in the sun
And where they only take the livid gold of time
With shadowy godlings scrunching under your footfall
Till you come upon a secret stairwell that leads down to the basement
    where they keep the apparitions
With nights whose depths reveal girls in flames
Or the sick woman sitting in the light of the banana tree
Covered with plaster and somber magnolias atop her high throne
    of torture that failure has carved out
But more beautiful than any spring and any victory against the world
The great wing of immortal feathers that's born in everything fated to
    die!

Garments and faces and alleyways knotted together by a single sigh of
    desperate goodbye
So you'll never more wonder at
An embrace a throat or a woman's sigh with nothing to do with these
    buried bonfires
Demanding the same shadowed jewels for the same splendor:
The great halo of the distance
And those enigmas of the age dragging behind heavy insoluble hunks
    of a false and mysterious existence
With characters of endless heartbeat pulsing in the dark
Out of reach like all human happiness
And transformed into the splendor of the things they brushed against
    possessed or dreamed of once
In flesh and blood
Amid the flamings of the land

A VAHINE

(Pintada por Gauguin)

Negra Vahíne,
tu oscura trenza hacia tus pechos tibios
baja con su perfume de amapolas,
con su tallo que nutre la luz fosforescente,
y miras melancólica cómo el clima te cubre
de antiguas hojas, cuyo rey es sólo
un soplo de la estación dormida en medio del viento,
donde yaces ahora, inmóvil como el cielo,
mientras sostienes una flor sin nombre,
un testimonio de la desamparada primavera en que moras.

¿Conservará la sombra de tus labios
el beso de Gauguin, como una terca gota de salmuera
corroyendo hasta el fondo de tu infierno
la inocencia —el obstinado y ciego afán de tu ser—;
ya errante en la centella de los muertos,
lejana criatura del océano. . . ?

¿Dónde labra tu tumba
el ácido marino?
Oh Vahíne, ¿dónde existes
ya sólo como piedra sobre arenas azules,
como techo de paja batido por el trópico,
como una fruta, un cántaro, una seta
que pueblan los espíritus del fuego, picada por los pájaros,
pura en la antología de la muerte. . . ?

No una guirnalda de sonrisas,
no un espejuelo de melosas luces,
sino una ley furiosa, una radiante ofensa al peso de los días
era lo que él buscaba, junto a tu piel,
junto a tus chatas fuentes de madera,
entre los grandes árboles,
cuando la soledad, la rebeldía,
azuzaban en su alma
la apasionada fuga de las cosas.
Porque ¿qué ansía un hombre
sino sobrepujar una costumbre llena de polvo y tedio?

Ahora, Vahíne, me contemplas sola,
a través de una niebla azotada por el vuelo de tantas invisibles aves
    muertas.
Y oyes mi vida que a tus pies se esparce
como una ola, un término de espuma
extrañamente lejos de tu orilla.

TO VAHINE

(Painted by Gauguin)

Black Vahine
your dark braid falls toward your warm
breasts with its poppy fragrance,
with its stalk that feeds upon the phosphorescent light
and you gaze out melancholy as the climate that covers you
with ancient leaves, whose king is merely
the sleeping season blowing inside the wind,
where you lie now, still as the sky,
while holding a nameless flower,
witness to the helpless springtime you inhabit.

Will the shadow of your lips retain
Gauguin's kiss, like a stubborn drop of brine
eating away to the depths of your hell
the innocence—the obstinate, blind drive of your being—
now wandering amid the flashings of the dead,
distant ocean creature...?

Where does the acid sea
carve out your tomb?
Oh Vahine, where do you exist
only as a stone upon blue sands
as a thatch roof battered by the tropics
as a fruit, a flask, a mushroom
peopled by the spirits of the fire, picked clean by the birds,
pure in the anthology of death...?

Not a garland of smiles
not a mirror-glass of honey lights
but a furious law, a radiant offense against the weight of the days
was what he sought, against your skin,
against your shallow wooden fountain
amid the great trees,
when solitude, rebellion
triggered in his soul
sending things into impassioned flight.
Because what does a man desire
but to slough off a habit full of dust and tedium?

Now, Vahine, you look at me, alone
through a mist whipped by the flight of so many invisible dead birds.
And you hear my life spreading out at your feet
like a wave, a mass of foam
strangely distant from your shore.

MENSAJE SECRETO

Hacia abajo en la oscura humedad de los helechos que tal vez sean yo
    mismo o divinidades monótonas
desciendo
al antro de mi sexo
con la investidura de un cuerpo torturado por poderes frenéticos presa
    de esas imágenes soñadas de mulatas de dientes crueles con las
    franjas fosforescentes de sus vientres y de sus espaldas las tiernas
    estranguladoras inclinadas sobre sus amantes para dejarles en la
    boca la fragancia de menta y de sal que emana de sus pechos en el
    oleaje

He ahí la misteriosa serpiente con la aureola de sus labios y su canto
    de profanación infinita el foco ávido donde flotan regiones de una
    blancura de relámpago
La serpiente de mirada de catástrofe la papisa del sol en su
    archipiélago de espejismos donde crea fantasmas carnales y
    suntuosos que se retuercen con caderas llenas de savia mujeres
    palpables y rápidas
cabelleras desplegadas para el lujo de un loco

Y mi sangre de príncipe animal heredero de una raza de paroxismo
Se filtra por esas grietas de abismo que recorren la especie se irisa
    cuando ese indolente demonio despliega sus alas
y con un acto mágico con una brasa de ceremonia de la noche de las
    cavernas con una silaba de raíz arrancada y de fronteras que se
    desvanecen toca mi corazón para decirme que la tierra es errónea

SECRET MESSAGE

Downwards in the dark damp of the ferns that may well be myself or
  monotonous divinities
I descend
to the gateway of my sex
enclothed within a body tortured by frenzied powers prey to those
  dream-made images of mulatto girls with cruel teeth with the
  phosphorescent fringes of their bellies and their backs the tender
  strangler-women bending over their lovers then leaving in their
  mouths the scent of mint and salt that wafts forth from their
  breasts in waves.

Here is the mystery serpent with the halo of its lips and
  its song of endless profanation the avid focus wherein
  float regions of a lightning whiteness.
The serpent with catastrophe eyes the popess of the sun in her
  archipelago of mirages where she fleshes out
  sumptuous phantoms that writhe with sap-filled thighs
  palpable, swift women
hair spread loose for a madman to luxuriate

And my blood of an animal prince
  Heir to a race of paroxysm
Oozes through those abyss cracks that run all down the species
  shimmers when that lazy demon spreads his wings
and with a magic action with an ember spark of ceremony of the night
  of the caverns with a syllable of torn-out roots and borderlands
  that pale away it touches my heart to tell me that the land
  is wrong.

Juan Liscano

VENEZUELA, 1915

Translated by Thomas Hoeksema

In Juan Liscano's most recent book, *Rayo que al alcanzarme ...*, his obsession and anguish over man's destiny, over his own personal destiny, in light of the insolent passage of time, find — again, always — two possible answers: two beings in love can withstand the battering of time; the poem as an absolute, as a verbal paradise, allows the poet to use words, to name against time.

A prolific poet and essayist, Liscano's most important volumes of poetry are *Tierra muerta de sed* (1954), *Cármenes* (1966), *El viaje* (1978) and *Rayo que al alcanzarme ...* (1978). *Nombrar contra el tiempo* (1968) is a useful — and available — collection of his poetry. Among his volumes of essays: *Folklore y cultura* (1950), *Rómulo Gallegos y su tiempo* (1961), *Espiritualidad y literatura: una relación tormentosa* (1976) and *El horror por la historia* (1980).

MORALEJA

Quien siente correr a su espalda
por el pretil del patio
la sombra del perro blanco
se equivoca
porque es un gato negro
Quien oye
el roce de un ala de sorpresa
detrás de sí
se equivoca
porque es fruta
casi podrida y blanda
que se desprende y cae
con ruido de murciélago aplastado
Quien mira
la procesión pasar por dentro
no se equivoca
no se equivoca

MAGIA

Una flauta suena en occidente
Crecen sombras de fortalezas antiguas
El círculo es todo caminos
Una mano de plata y otra de oro
barajan los leones rojos
las águilas argénteas
los unicornios amarillos
las sirenas azules
Los ases resplandecen en la noche
de lenguas lamiendo sus pelambres
El transhumante
despeinado por el viento
saca de su mano de plata
una flauta
de su mano de oro saca
un cuarzo
la flauta se convierte en rana
el cuarzo en dado
y las manos
para recibirlos
en charco o en cubilete

MAXIM

Whoever senses the shadow of a white dog
running by his shoulder
from the railing of the patio
is mistaken
because it is a black cat
Whoever hears
the rubbing of a wing of surprise
behind himself
is mistaken
because it is fruit
nearly rotten and soft
that breaks off and falls
with the sound of a crushed bat
Whoever sees
the procession passing within
is not mistaken
is not mistaken

MAGIC

A flute plays in the West
Shadows grow of ancient fortresses
The circle is entirely paths
One hand of silver and another of gold
shuffle red lions
silvery eagles
yellow unicorns
and blue sirens
Aces glitter in the night
of languages licking their thick hair
Dishevelled by the wind
the nomad
withdraws a flute
from his silver hand
and
from his hand of gold
a quartz
the flute changes into a frog
the quartz into dice
and the hands
in order to receive them
into a pond or goblet

PRESAGIOS DEL PELIGRO

Con látigos de sombras, con látigos de olas,
con crines de caballo nocturno y desbocado,
con las ramas sangrientas arrancadas del bosque
donde, como dos niños abandonados, lloran
tu deslumbrada infancia, mi esquiva adolescencia;
con negros aletazos de pájaro agorero,
con haces de raíces y con silbantes colas,
con vientos y con lluvias de cielos que deliran
donde una luna humana, con rostro de plorante,
se desmelena y grita junto al filial cadáver
de algún soldado joven, caído por la vida;
con la lengua fosfórica de las noches de insomnio,
la calcinada lengua del inmóvil verano,
la amarguísima lengua de la sal cegadora,
y con todas las lenguas rumorosas, quemantes,
renacidas de súbitas llamaradas de cólera,
con que el fuego convoca sus tribus de guerreros,
con el brazo del polvo, con la mano del barro
y con la cabellera de la antigua ceniza,
azota nuestra casa, nuestra frágil vivienda
de venas confundidas, de edificados huesos,
de cuerpos que sostienen la obra clara y limpia
de este techo de sueños, de ayes y de besos,
azota nuestra casa, golpéala terrible
en estos días ciegos, la furia de la vida.

OMENS OF DANGER

With whips of shadows and whips of waves,
with the mane of a wild nocturnal horse,
with bloody uprooted limbs of a forest
where, like two abandoned children, they cry,
your radiant infancy, my elusive adolescence;
with black wing-strokes of an ominous bird,
with bundles of roots, and whistling tails,
with winds and rains from frenzied skies
where a human moon, with a penitent's face,
dishevels its hair and screams beside a filial cadaver
of some young soldier, felled by life;
with the phosphoric language of insomniac nights,
the calcined language of motionless summer,
the most bitter language of blinding salt,
with all the rumor-choked languages, in flames,
reborn from sudden sparks of passion,
from which fire gathers its tribe of warriors,
with arms of dust, a hand of clay
and with hair of ancient ashes,
it whips our house, our fragile dwelling
of disordered veins, structured bones,
and bodies that nourish the clear, clean work
of this roof of dreams, of sighs and kisses,
it whips our house, with terrible blows
in these blind days, the fury of life.

ZONA TORRIDA

(Fragmento)

Está naciendo el mundo, está muriendo.
Un trino de agua oculta canteras de osamentas,
la podre nace flor, la flor se pudre,
la luz roe contornos y devora colores,
quedan paisajes de arenal y tiza.
Todo es nacencia, brote: se está muriendo todo,
llueve sobre la sed, luego las aguas
descuartizan, desgarran y fundan los eriales
donde el verano esparce frescas brisas.
Un ser de musgos, élitros, bromelias
surge de la espesura, boquea, desfallece;
la iguana es una rama que respira,
el viento: mar de selvas; el mar: rodar de piedras.
Algún niño envejece en lo que dura
la centella terrestre de un lagartijo que huye,
la exhalación de plumas colibríes.
Pero todo es espera, nada pasa,
rebaños espectrales de gigantes mamíferos
emergen de sequías y desiertos,
el invierno repite los tiempos del diluvio,
un pájaro sin nombre anuncia el alba,
otros silban las lluvias, otros ríen,
lo que empieza a morir está naciendo,
la crueldad empolla, se arraiga, prolifera,
ahoga entre sus lianas asidoras,
mana un estiércol negro, savia de las tinieblas,
fúnebres picos cavan en el tiempo,
comienzan a girar las ciudades ruletas,
ruedas de la fortuna, dados verdes,
rasgando el suelo se alzan las torres clamorosas,
chisporretea un cielo bajo, eléctrico,
se quiebran los espejos, las cáscaras estallan,
zona de las materias ignescentes,
el día es una llaga, la llaga es una boca
que va sangrando bestias, minas, hombres . . .

TORRID ZONE
(Fragment)

The world is being born, it is dying.
A trine of water conceals quarries of skeletons,
pus conceives the flower, the flower decays,
light erodes the contours and devours color,
leaving landscapes of sand and chalk.
Everything is birth, germination: everything is dying,
rain falls over thirst, the waters are
quartered, they claw and endow the unploughed land
where summer scatters fresh breezes.
A being of mosses, elytrons, bromelias
emerges from the thicket, gasps and faints:
the iguana is a branch that breathes,
the wind: a sea of forests; the sea: a reverberation of stones.
Some child grows old enduring the
terrestrial lightning of a fleeing lizard,
the exhalation of hummingbird feathers.
Everything is expectation, nothing happens,
phantom herds of gigantic mammals
arise from droughts and deserts,
winter recites the times of flood,
a nameless bird proclaims the dawn,
others whistle for rains, others laugh,
the origin of death is being born,
cruelty hatches, takes root and flourishes,
smothered by its grasping lianas,
it rises from black manure, the sap of darkness,
mourning beaks explore in time
while spinning the cities' roulette,
wheels of fortune, green dice,
the soil is trampled by clamorous towers,
a sunken sky sizzles, electric,
mirrors shatter and bark cracks,
zone of inflamed materials,
the day is a wound, the wound is a mouth
that is bleeding beasts, mines, men. . .

LOS NUEVOS DIAS
(Fragmento)

Escucho en el silencio
                    en mí mismo
correr tu nombre: un arroyuelo.
Es otro día distinto al de la ciudad.
Diré: es día de campo
con sabor y olor a ti.
En una de sus letras miro tu silueta
delgada, erguida
y en otra tu espalda
que tiembla cuando se la besa.

                    * * *

Decimos que detrás de tu mirada
está la vida
porque allí suelo sepultar
encadenados días
porque suelo allí dormir
                    nacer a lo mejor
o bien porque allí me doblo como tantas veces
hacia mi inevitable destrucción.

                    * * *

De perfil saliste entre las piedras.
Una serpiente anida en tus rasgos.
Cara de sol.
Temblé ante tus movimientos.
Las sombras abrieron sus plumajes.
Me eché a dormir fuera del tiempo.

                    * * *

Más allá de las noches y los días
que son iguales a nuestra angustia
porque están vivos
porque son mortales
está una imagen
que nunca he visto
que nunca tocaré vivo
pero que toca el mundo
y en la que nos podríamos mirar.

NEW DAYS
(Fragment)

I listen in the silence
                    within myself
a small stream: carrying your name.
It is a day distinct from one in the city.
I will say: it is the day of a meadow
with the taste and scent of you.
In one of its letters your slender
silhouette ascends
and in another your shoulder
that trembles when kissed.

                    * * *

We say that behind your gaze
is life
because there it's my custom to bury
the days in chains
because   there it's my custom to sleep
                    to be surprised by birth
or because there as before I am molded
for my inescapable destruction.

                    * * *

In profile you escape between the stones.
A serpent nests in your features.
Face of sun.
I trembled before your motions.
Shadows showed their plumage.
I was subdued in a sleep out of time.

                    * * *

Beyond nights and days
that are similar to our anguish
because they are alive
because they are mortal
is an image
I have never seen
that I will never touch alive
though it touches the world
in which we would see ourselves.

POEMAS DE ATALITA

3

¿Cómo soportar
el descubrimiento
de una fuerza de atracción ausente?
Cielo
cálculos del tiempo
astronomía
del sentimiento
de lo corriente y cotidiano:
ese girar alrededor del sol.
Empiezo a medir
los tramos de la nostalgia
la temperatura de la ansiedad
el oleaje
—mis años jóvenes
en las playas del trópico
cuando los equinoccios
alzaban las mareas—.
Al fin adviene un golpe de sangre
y el deseo
la invención de la desnudez mirada
con iluminada ceguedad
con otros ojos
me devuelve una virginidad pasada
me entrega al desespero
a la esperanza
                    inesperada.

4

No sospechaba
la energía
la curvatura de rayo espacial
y más abajo
la cristalización en materia
de la memoria
tiempo sin duración
ocupado por un dejo de sonrisa
invulnerada
                    antigua
por un acento en labio vivo
por formas del cuerpo
—así las venas azules
en un mapa de colinas
las umbrías los pozos carnales
las extrañas frutas de zumo adherente
un ahogo de siesta
la red de los olores magnéticos—.
Vuelvo a saber intensamente
cuánto pertenezco a la tierra y al mar
a esta necesidad planetaria

POEMS OF ATALITA

3

How to endure
discovering
the strength of distant attraction?
Sky
calculations of time
astronomy
of emotion
of the current and quotidian:
that rotation around the sun.
I begin to measure
steps of nostalgia
the temperature of anxiety
the surge of waves
—my youthful years on tropical beaches
when equinoxes
carried off the tides.
Finally comes a flush of blood
and desire
the invention of nudity viewed
with illuminated blindness
with other eyes
my past virginity restored
releases me to despair
to a hope unforeseen.

4

I did not suspect
the energy
the curvature of a ray in space
and farther down
crystallization of memory
in matter
time without duration
filled with remains of an ancient
invulnerable
                  smile
with an accent in a living mouth
with forms of the body
—blue veins
in a map of hills
shaded groves and carnal wells
the singular fruits of adhesive sap
the suffocation of siesta
net of magnetic scents—
Again I know intensely
how much I belong to earth and sea
to this planetary necessity

de buceos y de vuelos
de vencimiento contrario o favorable.

5

El olvido incoloro
quiere despojarme
quiere abandonarme
entre sus arenales.
Llama con insistencia leve
o ciega con su relámpago.

7

Desde algún umbral
apenas pisado
alza el brazo contra el viento
aquieta su cabellera
sonríe
está distante y sonríe
parece nombrada por el sol
imaginada por los navegantes
traída por los últimos días del verano.
Ofrece salidas ignoradas
                         apartes
posibles más allá
y da respuestas
            da respuestas.

of descents and flights
of adverse or favorable victory.

5

Colorless forgetting
conspires to strip
and abandon me
along its sands.
It calls with light insistence
or blinds with its lightning.

7

From some threshold
rarely crossed
an arm is raised against the wind
she smooths her hair
she smiles
she is far away and smiles
seems named by the sun
imagined by navigators
carried by the final days of summer.
She shows ways ignored
                          remote
assets beyond
and she replies
                she replies

Gonzalo Rojas

CHILE, 1917

Translated by Christopher Maurer

In 1938 Gonzalo Rojas joined the surrealist Mandrágora group. Ten years later he published his first book, *La miseria del hombre*. Rojas is not a prolific writer yet he is an uneven one. Despite this apparent paradox, his best poems certainly represent some of the most intense moments in contemporary Latin American poetry. Rojas himself has defined the three main currents or themes of his work: the exploration of the poetic act and of the powers of language, erotic love, and the flow of personal or historical time.

Publications: *La miseria del hombre* (1948), *Contra la muerte* (1964) and *Oscuro* (1977). Soon to be released by Fondo de Cultura, México: *Del relámpago*.

LOS LETRADOS

Lo prostituyen todo
con su ánimo gastado en circunloquios.
Lo explican todo. Monologan
como máquinas llenas de aceite.
Lo manchan todo con su baba metafísica.

Yo los quisiera ver en los mares del sur
una noche de viento real, con la cabeza
vaciada en frío, oliendo
la soledad del mundo,
sin luna,
sin explicación posible,
fumando en el terror del desamparo.

CAMA CON ESPEJOS

Ese mandarín hizo de todo en esta cama con espejos, con dos espejos:
hizo el amor, tuvo la arrogancia
de creerse inmortal, y tendido aquí miró su rostro por los pies,
y el espejo de abajo le devolvió el rostro de lo visible;
así desarrolló una tesis entre dos luces: el de arriba
contra el de abajo, y acostado casi en el aire
llegó a la construcción de su gran vuelo de madera.

La estridencia de los días y el polvo seco del funcionario
no pudieron nada contra el encanto portentoso:
ideogramas carnales, mariposas de alambre distinto, fueron muchas y
    muchas
las hijas del cielo consumidas entre las llamas
de aquestos dos espejos lascivos y sonámbulos
dispuestos en lo íntimo de dos metros, cerrados el uno contra el otro:
el uno para que el otro le diga al otro que el Uno es el Principio.
Ni el yinn ni el yang, ni la alternancia del esperma y de la respiración
lo sacaron de esta liturgia, las escenas eran veloces
en la inmovilidad del paroxismo: negro el navío navegaba
lúcidamente en sus aceites y el velamen de sus barnices,
y una corriente de aire de ángeles iba de lo Alto a lo Hondo
sin reparar en que lo Hondo era lo Alto para el seso
del mandarín. Ni el yinn ni el yang, y esto se pierde en el Origen.

THE LITERATI

They prostitute it all,
they spend their soul on talking round,
explain it all in monologue
like oiled machines,
stain everything drooling metaphysics.

I would like to see them on the southern seas
one night of royal wind, their heads
empty in the cold, smelling
the world's loneliness
with no moon,
no possible explanation,
smoking in the terror of desertion.

BED WITH MIRRORS

That mandarin did it all on this bed with mirrors, two mirrors:
he made love, he had the arrogance
to believe himself immortal, and lying here he watched his face
between his feet
and the bottom mirror gave him back the face of the visible;
thus he developed a thesis between two half-lights: the upper
against the lower, and reclining almost in the air
he came to build his great wooden flight.

The shrillness of the days and the dry dust of the functionary
were no match for the portentous spell:
ideograms of flesh, butterflies of different wires, many and many
were the daughters of heaven consumed in the flames
of these two lewd sleepwalking mirrors
disposed in the intimacy of two meters, closed one upon the other:
the one so that the other might tell the other that the One is the
    Beginning.
Neither the yin nor the yang nor sperm alternating with breath
took him from this liturgy, swift were the scenes
in the stillness of the paroxysm: shining the black ship sailed
in its oils and the canvas of its varnishes,
and a current of the air of angels went from the Height to the Depths
without noticing that the Depths were the Height for the brain
of the mandarin. Neither the yin nor the yang, and this gets lost in
    the Origin.

LATIN Y JAZZ

Leo en un mismo aire a mi Catulo y oigo a Louis Armstrong, lo reoigo
en la improvisación del cielo, vuelan los ángeles
en el latín augusto de Roma con las trompetas libérrimas, lentísimas,
en un acorde ya sin tiempo, en un zumbido
de arterias y de pétalos para irme en el torrente con las olas
que salen de esta silla, de esta mesa de tabla, de esta materia
que somos yo y mi cuerpo en el minuto de este azar
en que amarro la ventolera de estas sílabas.

Es el parto, lo abierto de lo sonoro, el resplandor
del movimiento, loco el círculo de los sentidos, lo súbito
de este aroma áspero a sangre de sacrificio: Roma
y Africa, la opulencia y el látigo, la fascinación
del ocio y el golpe amargo de los remos, el frenesí
y el infortunio de los imperios, vaticinio
o estertor: éste es el jazz,
el éxtasis
antes del derrumbe, Armstrong; éste es el éxtasis,
Catulo mío,
                                    ¡Thánatos!

ADULESCENS, TIBI DICO

Libretas secretas garabateadas
y páginas frenéticas mecanografiadas
para tu exclusivo placer.
                Jack Kerouac

Tus flores no son hijas de nada, son las olas
inexplicables en su laberinto;
si una es olor, la otra es tempestad
pero todas te salen por la boca,
porque tienes adentro un árbol que te crece
hacia afuera, y te ahorca en su perfume,
y tu nariz se pudre por exceso y fatiga.

Por qué ofrecer un símbolo a cada hoja caída,
por qué llorar las ruinas antes de hacer el mundo
con tu sangre, por qué tu vida es un por qué
como una inmensa playa donde tú gritas dónde
hasta que salen todos los náufragos, y el aire
se te llena de monstruos inventados por ti?

Invéntate una costa donde el mar seas tú
para que así conozcas preguntas y respuestas,
y no caiga tu rostro al precipicio,
pasajero en tu humo.

LATIN AND JAZZ

In the same air I read my Catullus and hear Louis Armstrong, hear
    him
again in the improvisation of the sky, the angels fly
in the august Latin of Rome with their trumpets, free and slow
in a chord now timeless, in the buzz
of arteries and petals, so I can go off in the torrent with the waves
that come out of this chair, this table of boards, this matter
that is me and my body in the minute of this chance
to which I lash the wind of these syllables.

It is the birth, the openness of sound, the splendor
of movement, crazy the circle of the senses, the suddenness
of this rough smell of sacrificial blood: Rome
and Africa, opulence and the whip, the fascination
of leisure and the bitter stroke of the oars, the frenzy
and the sad fortune of empires, vaticination
or death-snore: this is jazz,
the ecstasy
before the crash, Armstrong; this is the ecstasy,
my Catullus,
                    Thanatos!

ADULESCENS, TIBI DICO

Secret notebooks scribbled
and frenzied pages typed
for your exclusive pleasure.
         Jack Kerouac

Your flowers are sons of nothing, they are the waves
inexplicable in their labyrinth;
if one is smell, the other is storm
but all of them come out of your mouth,
because inside you is a tree that grows
outward and hangs you on its perfume
and your nose rots from excess and fatigue.

Why offer a symbol to every fallen leaf,
why weep for the ruins before you make the world
with your blood, why is your life a why
like a wide beach where you shout where
till all the shipwrecked come out and the air
fills with the monsters you invent?

Invent yourself a coast where the sea is you
so that you can know questions and answers,
and your face will not fall over the cliff
a passenger in your smoke.

PUERTO PERDIDO

Todo es estrecho y hondo
en este suelo ingrávido, las flores
crecen sobre cuchillos, boca abajo en la arena
puede oírse un volcán; cuando la lluvia
la moja, se despeja
la incógnita, aparece
una silla fantástica en el cielo,
y allí sentado el Dios de los relámpagos
como un monte de nieve envejecido.

Todo es estrecho y hondo, las personas
no dejan huellas porque el viento
las arroja a su norte y su vacío,
de manera
que de improviso
yo salgo a mi balcón y ya no veo a nadie,
no veo casa ni mujeres rubias,
han desaparecido los jardines,
todo es arena invulnerable, todo
era ilusión, no hubo
sobre esta orilla del planeta nadie
antes que el viento.

Entonces corro hasta las olas, me hundo
en su beso, los pájaros
hacen un sol encima de mi frente,
entonces tomo posesión del aire
y de las rocas temporales
en el nombre del viento, las estrellas azules,
Valparaíso, el viento.

LOST PORT

All is narrow and deep
on this weightless soil, the flowers
grow on knives, face down in the sand
you can hear a volcano; when the rain
soaks it, the unknown
clears up, a fantastic
chair appears in the sky,
and the God of lightning is sitting there
like a mountain of aging snow.

All is narrow and deep, the people
leave no tracks because the wind
sweeps them into its north and its void,
so that suddenly
I go out on my balcony and no longer see anyone,
I see no house, no blond women,
the gardens have disappeared,
it is all invulnerable sand, it was
an illusion, there was no one
on the shore of the planet, no one
before the wind.

Then I run to the waves, I sink
into their kiss, the birds
make a sun above my forehead,
then I take possession of the air
and of the rocks of time
in the name of the wind, the blue stars,
Valparaíso, the wind.

VERSICULOS

A esto vino al mundo el hombre, a combatir
la serpiente que avanza en el silbido
de las cosas, entre el fulgor
y el frenesí, como un polvo centelleante, a besar
por dentro el hueso de la locura, a poner
amor y más amor en la sábana
del huracán, a escribir en la cópula
el relámpago de seguir siendo, a jugar
este juego de respirar en el peligro.

A esto vino al mundo el hombre, a esto la mujer
de su costilla: a usar este traje con usura,
esta piel de lujuria, a comer este fulgor de fragancia
cortos días que caben adentro de unas décadas
en la nebulosa de los milenios, a ponerse
a cada instante la máscara, a inscribirse en el número de los justos
de acuerdo con las leyes de la historia o del arca
de la salvación: a esto vino el hombre.

Hasta que es cortado y arrojado a esto vino, hasta que lo desovan
como a un pescado con el cuchillo, hasta
que el desnacido sin estallar regresa a su átomo
con la humildad de la piedra,
                        cae entonces,
sigue cayendo nueve meses, sube
ahora de golpe, pasa desde la oruga
de la vejez a otra mariposa
distinta.

CHAPTER AND VERSE

It was for this that man came into the world, to fight
the serpent that advances in the whistle
of things, in the glow
and the frenzy, like a glittering dust, to kiss
the bone of madness from within, to put
more and more love on the sheet
of the hurricane, to write on his love act
the lightning of continued being, to play
this game of breathing in danger.

It was for this that man came into the world, for this the woman
from his rib: to pay the interest on this suit,
this skin of lust, to eat this glowing perfume
for short days that fit inside a few decades
in the nebula of the millennia, to put on
the mask again and again, to inscribe himself among the just
in keeping with the laws of history or the ark
of salvation: for this, man came.

Till he is cut and thrown away, he came for this, till they clean him
with the knife like a fish, till
he is un-born and without bursting returns to his atom
humble as stone,
                  then he falls,
keeps falling for nine months, rises
suddenly, passing from the worm
of old age into another butterfly,
a different one.

EL HELICOPTERO

Ahí anda de nuevo el helicóptero dándole vueltas y vueltas a la casa,
horas y horas, no para nunca
el asedio, ahí anda
todavía entre las nubes el moscardón con esa orden
de lo alto gira que gira olfateándonos
hasta la muerte.

Lo indaga todo desde arriba, lo escruta todo hasta el polvo con sus
        antenas
minuciosas, apunta el nombre de cada uno, el instante
que entramos a la habitación, los pasos
en lo más oscuro del pensamiento, tira la red,
la recoge con los pescados aleteantes, nos paraliza.

Máquina carnicera cuyos élitros nos persiguen hasta después
que caemos, máquina sucia,
madre de los cuervos delatores, no hay abismo
comparable a esta patria hueca, a este asco
de cielo con este condor venenoso, a este asco de aire
apestado por el zumbido del miedo, a este asco
de vivir así en la trampa
de este tableteo de lata, entre lo turbio
del ruido y lo viscoso.

THE HELICOPTER

It is there again the helicopter circling and circling the house
hours and hours, it never breaks
the seige, there it is
still, in the clouds the horsefly with that celestial
order, it turns and turns on our scent
till death.

It investigates everything from above, it scrutinizes even the dust with
    its tiny
antennae, takes down everyone's name, the moment
we enter the room, the steps
taken in the darkest thought, it casts the net
and pulls it back with the thrashing fish, it cripples us.

Butcher machine whose rotors pursue us till after
we fall, dirty machine,
mother of the crows that betray, no abyss could compare
to this hollow country, this puking
sky with this poisonous hawk, this puking air
morbid with the hum of fear, this puking
life in the trap
of this tin clapping in the murk,
the stickiness of noise.

CARBON

Veo un río veloz brillar como un cuchillo, partir
mi Lebu en dos mitades de fragancia, lo escucho,
lo huelo, lo acaricio, lo recorro en un beso de niño como entonces,
cuando el viento y la lluvia me mecían, lo siento
como una arteria más entre mis sienes y mi almohada.

Es él. Está lloviendo.
Es él. Mi padre viene mojado. Es un olor
a caballo mojado. Es Juan Antonio
Rojas sobre un caballo atravesando un río.
No hay novedad. La noche torrencial se derrumba
como mina inundada, y un rayo la estremece.

Madre, ya va a llegar: abramos el portón,
dame esa luz, yo quiero recibirlo
antes que mis hermanos. Déjame que le lleve un buen vaso de vino
para que se reponga, y me estreche en un beso,
y me clave las púas de su barba.

Ahí viene el hombre, ahí viene
embarrado, enrabiado contra la desventura, furioso
contra la explotación, muerto de hambre, allí viene
debajo de su poncho de Castilla.

Ah, minero inmortal, ésta es tu casa
de roble, que tú mismo construiste. Adelante:
te he venido a esperar, yo soy el séptimo
de tus hijos. No importa
que hayan pasado tantas estrellas por el cielo de estos años,
que hayamos enterrado a tu mujer en un terrible agosto,
porque tú y ella estáis multiplicados. No
importa que la noche nos haya sido negra
por igual a los dos.
               —Pasa, no estés ahí
mirándome, sin verme, debajo de la lluvia.

COAL

I see a swift river shine like a knife, split
my Lebu into fragrant halves, I hear it,
I smell it, I caress it, I travel back over it in a child's kiss as then,
when the wind and the rain rocked me, I feel it
like an extra artery between my temples and my pillow.

It is him. It is raining.
It is him. My father has come home wet. It is the smell
of wet horse. It is Juan Antonio
Rojas on a horse fording a river.
It is a nothing new. The torrential night collapses
like a flooded mine; the lightning makes it shudder.

Mother, he is almost here: let us open the door,
give me that light, I want to receive him
before my brothers. Let me take him a good glass of wine
so he will feel better and hug me and kiss me,
and stick me with his beard.

There he is, he is coming home
muddy, raging against his bad luck, furious
from exploitation, dead of hunger, there he is
under his Castilian poncho.

Oh, immortal miner, this is the oak house
you built yourself. Come in.
I have been waiting for you, I am the seventh
of your sons. No matter
that so many stars have crossed the sky of these years,
that we have buried your wife in a terrible August,
for you and she are multiplied. No matter
that the night has been black
for both of us.
        "Get inside, don't stand there
looking at me, not seeing me, under the rain."

Y NACER ES AQUI UNA
FIESTA INNOMBRABLE

A José Lezama Lima (1910-1976)

Respiras por palabras diez mil veces al día,
juras por el amor y la hermosura
y diez mil veces purificas tus pulmones
mordiendo el soplo de la ráfaga extranjera,
pero todo es en vano, la muerte, el paladar,
el pájaro verbal que vuela de tu lengua.

LA PALABRA

Un aire, un aire, un aire,
un aire
un aire nuevo:

                    no para respirarlo
                    sino para vivirlo.

AND TO BE BORN IS HERE
AN UNNAMEABLE FEAST

To José Lezama Lima (1910-1976)

You breathe by words ten thousand times a day,
you swear by love and loveliness
and purify your lungs ten thousand times
biting the gust of the foreign wind,
but it is all in vain: death, the palate,
the verbal bird that flies from your tongue.

THE WORD

An air, an air, an air,
an air,
a new air:

                not to breathe it
                but to live it.

Alberto Girri

ARGENTINA, 1919

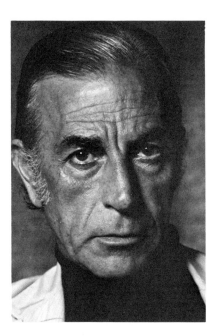

Translated by Christopher Maurer

"No poetry," writes Aldo Pellegrini remembering a warning by Mallarmé, "proves better than Girri's that 'poetry is not made by accumulating precious stones'." The allusion to Mallarmé is not accidental: in all of Girri's work there is an obsessive debate with poetry, particularly with his own poetry. In criticizing language and pointing relentlessly to its limitations, Girri is fully aware that he thus remains within the domain of language: reality always lies beyond words, language is not an inhabitable world, not an alternate world, but a way of temporarily organizing reality.

Among the books of this prolific poet: *Playa sola* (1946), *Trece poemas* (1949), *Examen de nuestra causa* (1956), *La penitencia y el mérito* (1957), *Elegías italianas* (1962), *Envíos* (1967), *En la letra, ambigua selva* (1972), *Quien habla no está muerto* (1975), *El motivo es el poema* (1976) and *Arbol de la estirpe humana* (1978). *Obra poética*, his complete poetry, published in three volumes by Ediciones Corregidor, is now available.

CASI CONGOJA

¿Es tozudez
pedir que la tierra
ahora
momentáneamente deshabitada
perpetúe su soledad?

¿Sirve
la esperanza
de hallar quebradas
las losas
en que la ciudad retumba?

Entramos en ti, aurora,
ya cansados
de próximo cansancio.

ALMOST ANGUISH

Is it stubbornness
asking the land
that is now,
for a moment, unpeopled
to perpetuate its solitude?

Is there any use
hoping
to find broken
the slabs
in which the city rumbles?

We enter you, aurora,
already tired
of the coming weariness.

A UNA CIUDAD REPENTINAMENTE CONSIDERADA
DESDE CIERTO ANGULO

Similar destino
el sufrimiento de las ciudades
y el de los que las construyen
y planifican;
                    no importa el lugar,
sus áreas, demencial crecer,
nos siguen,
                    cada casa
confortable medio circundante
de alguien que se vuelca en ella,
                                    acomete
hasta lograr lo deseado.

Las calles, las calles,
el desfile de materiales
y hermosas tensiones,
                          y la uniforme
sentencia que ronda por los aledaños,
cubre accesos,
                diáfana,
realista síntesis:
                    Se acabó el espacio,
aqui todo es calles: aqui
no espanta la muerte sino el porvenir.

                    ¿Y a qué dominio
nos confiaríamos mejor?
Qué reconciliación
                        ennegrecernos
debajo de esta hora
en que la ciudad oscurece,
                            desvaída,
sola y omnímoda.

TO A CITY, SUDDENLY CONSIDERED
FROM A CERTAIN ANGLE

Similar destiny
the suffering of cities
and of those who construct
and plan them;
        the place doesn't matter,
their areas, demented growth,
follow us,
       each house
the cozy surrounding medium
of someone spilling into it,
           attacks
till getting what it wants.

The streets, the streets,
the parade of materials
and lovely tensions
        and the uniform
sentence rounding the outskirts
covers accesses,
       a diaphanous,
realistic synthesis:
       There's no space left here, only
       streets. Here not death but
       the future is frightening.
         And to what domain
could we better entrust ourselves?
What a reconciliation
        to blacken ourselves
beneath this hour
when the city dims,
      gaunt,
alone, entire.

HASTA EL ALBA

Isaiah, 29

Apenas el durmiente
corta sus vínculos,
buhos y rapaces, en hilera,
de la ventana al lecho,
sin articular cantos, silbidos,
lo alcanzan.

El ahogado, abominable
trabajar de los picos
le extrae, hace una masa
con sus altos y bajos
y trágicos sueños,
y en el tumulto sueña
que despierta aferrando,
devorándolos él,
los pájaros que se le asemejan,
el pelícano del desierto,
el habitante solitario
de los tejados.

Cuando todo cesa
vacío sentirá su estómago,
como el del que tiene hambre y sueña,
y le parece que come,
y se hallará cansado, sediento,
como el que tiene sed y sueña,
y le parece estar bebiendo.

UNTIL THE DAWN

Isaiah, 29

Scarcely has the sleeper
cut his chains
when owls and vultures, in a line
from the window to the bed,
without articulating songs or whistles
reach him.

The suffocating abominable
labor of their beaks
extracts him, kneads a dough
of low and high
and tragic dreams,
and in the din he dreams
that he awakens, grabbing
and devouring them,
the birds that resemble him,
the pelican of the desert,
the solitary dweller
of the rooftops.

When all has ceased
his stomach will feel empty,
like that of the hungry man who dreams
that he is eating,
and he will feel tired and thirsty,
like the thirsty man who dreams
that he is drinking.

LA IMAGEN DEL AZAR

De inestable tinte
colora
hábitos,
ideas.

Quieres retenerla
y se distancia,
se aleja
la suerte,
y pánica
es tu insistente
invocación,
espera
que echará raíces
y dará frutos
en tanto te ajustes
a la modalidad
que el azar impone,
la de recibirlo en calma,
calmo
como el que jamás careció
de pan y alforja
y dinero en el cinto,
sumiso
como quien sólo conoce
la moneda de las expiaciones.

Que lo que la imagen te arroje
sean migajas,
que las migajas estén envenenadas,
es indiferente,
agradecerás por igual
esos toques,
escudos,
inesperada protección
cuando la ansiedad
alza dentro de ti
su poco grata frente.

THE IMAGE OF CHANCE

You want to keep her.
Washing
habits,
ideas
in unstable ink
she moves far off,
luck moves away
and your insistent
invocation
is panic.
Wait for her
to send down roots
and bear fruit
while you adjust
to the mode
chance imposes:
take her calmly,
calm as one who has never lacked
for bread, provisions,
money in his purse,
submissive
as one who knows only
the coin of expiations.

No matter that her image tosses you
only crumbs,
or that the crumbs are poisoned,
you're no less thankful
for those touches,
those shields,
unhoped for protection
when anxiety
rears its unwanted head
inside you.

RELACIONES Y OPUESTOS

¿Fuera de lo que refleja
el espejo de su mujer,
el de su amante,
el de la mujer que quiere,
es él
alguna otra cosa?
¿Es una mujer
más que lo que toman su esposo,
su amante,
y el hombre que quiere?

Cuando la cercanía
se manifiesta cómo recibir,
no cómo dar,
¿bajo qué suelo
entierran
lo que los afecta,
y lo que los afecta
cuando
fusión
y perfección
se desvanecen
para seguir estando
ella, él, o ambos,
ligados a lo inmodificable,
a su propio cordón umbilical?

¿Cómo
despierta
y adquiere autoridad
la despótica zona
del sarcasmo, agresión,
y en especial del silencio,
él y ella
perjuros,
un perjuro
dentro de un perjuro?

Oh, de sus desamparos
no vendrán ayudas,
inequívocamente
se extiguen en el choque
el epitalamio
y el recuerdo del epitalamio,
y ya ningún pudor
servirá como ayuda, ¿se borran acaso
las excrecencias, la caducidad
de los votos,
tapándonos las narices,
cosiéndonos la boca?

RELATIONS AND OPPOSITES

Besides what
his wife's mirror reflects,
and his lover's,
and the mirror of the woman he loves,
is he
anything at all?
Is a woman
more than what her husband takes,
and her lover
and the man she loves?

When nearby things
show how to take,
not how to give,
beneath what ground
do they bury
what affects them,
and what affects them when
fusion
and perfection
have vanished
leaving them—
him, her, or both—
tied to the unchangeable,
their own umbilical cord?

How
does it awake
and get authority,
the despotic zone
of sarcasm, aggression,
and especially silence,
both he and she perjurers,
one perjurer within
the other?

No help will come
from their misery,
unmistakably
the crash extinguishes
the epithalamium
and its memory,
and now no shame will help;
can the excrescences,
the decripitude
of the vows be erased
if we cover our noses,
sew up our mouths?

UNA METAFORA

Cómo lo ácido busca lo ácido,
y el calor se inclina a lo cálido,
y el jugador de verdad
juega hasta el fin, hasta que pierde,
ni de día ni de noche ceja
el adorador de la bestia.

Dentro de nosotros
es vigilado y abrigado,
soportarlo
es nuestra recompensa, el borrar
la idea de que una piel y una imagen
es la del hombre, otra la de la bestia,
mostrarnos
que cuanto sucede con los hombres
y cuanto sucede con la bestia
un mismo suceso es, cualquiera
sean las mutaciones
del comercio humano,
el animal hechizo, sortilegio
nacido de la bestia y su presa,
dígase
llorar, compadecer,
crear, crecer, confiar,
imponer, añadir,
curvarse, ser molde, figura,
tender el arco,
ampliar las grietas,
andar en puntillas,
juntar las manos,
darse y desnudarse,
examinar los ángulos
de cuartos, curvas,
sótanos, espejos,
juzgarse centro, reducto,
ser hijo, simiente,
mansa y salvaje flor,
difundirse, comunicarse.

Díganse, incontables,
las inmediateces que sin la bestia
se nos escaparían,
reducido nuestro andar
a viciosas contemplaciones,
añoranzas de eunuco.

A METAPHOR

As acid takes to acid
and heat inclines to what is hot
and the true player
plays to the end, until he loses,
the venerator of the beast
never slackens, day or night.

Within us
he is guarded, kept warm;
our reward
is to abide him, to erase
the idea that man has one skin, one image,
and the beast another,
prove to ourselves
all that happens among men
and among beasts
is the same event, whatever
the mutations
of human business,
the animal enchantment or the spell
of beast and prey:
to cry, condole,
create, grow, trust,
add, impose,
curl up, be a mold or figure,
straighten the arc,
widen the cracks,
walk on tiptoe,
join the hands,
yield and undress,
examine the corners
of rooms, curves,
cellars, mirrors,
think oneself the center, the redoubt,
be a son or seed,
a flower, tame or wild,
spread out, communicate.

And more. Countless
immediacies that would escape us
without the beast,
our life reduced
to vicious contemplation,
the eunuch's longing.

Javier Sologuren

PERU, 1921

Translated by Mary Barnard
& Willis Barnstone

When Javier Sologuren's first books were published in the 40's, the keen sense of structure and the serene quality perceived in his poems brought to mind an affinity with the so called "pure poets" of Spain, particularly Jorge Guillén and Pedro Salinas. The affinity exists. But other affinities are equally important: those with Apollinaire, for example, or with concrete poetry. Sologuren's work is rooted in all these traditions yet never ceases to question them, making each poem an instance of possible, tense, barren, sudden meaning.

Among his books: *El morador* (1944), *Detenimientos* (1947), *Dédalo dormido* (1949), *Bajo los ojos del amor* (1950), *Otoño, endechas* (1959), *Estancias* (1960), *La gruta de la sirena* (1961), *Recinto* (1967), *Surcando el aire oscuro* (1970), *Corola parva* (1977), *Folios de El Enamorado y La Muerte* (1980) and the collection *Vida continua* (1966, 1971). His translations of Swedish, French and Italian poetry have been collected in *Las uvas del racimo* (1975).

DEDALO DORMIDO

Most musical of mourners, weep anew!
Not all to that bright station dared to climb
                              Shelley

Tejido con las llamas de un desastre irresistible,
atrozmente vuelto hacia la destrucción y la música,
gritando bajo el límite de los golpes oceánicos,
el hueco veloz de los cielos llenándose de sombra.
Ramos de nieve en la espalda, pie de luz en la cabeza,
crecimiento súbito de las cosas que apenas se adivinan,
saciado pecho con la bulla que cabalga en lo invisible.
Perecer con el permiso de una bondad que no se extingue.
Ya no ser sino el minuto vibrante, el traspaso del cielo,
canto de vida rápida, intensa mano de lo nuestro, desnuda.
Hallarse vivo, despierto en el espacio sensible de una oreja,
recibiendo los pesados materiales que la música arroja
desde una altura donde todo gime de una extraña pureza.
Miembros de luz sorda, choques de completísimas estatuas,
lámparas que estallan, escombros primitivos como la muerte.
Vaso de vino pronto a gemir en una tormenta humana,
con una sofocante alegría que olvida el arreglo de las cosas,
ebrio a distancias diferentes del sonido sin clemencia,
errando reflexivo entre el baile de las puertas abatidas,
aislando una racha salobre en la inminencia de la muerte,
pisando las hierbas del mar, las novedades del corazón,
pulsando una escala infinita, un centro sonoro inacabable.

Modificado por una azarosa, por una incontrolable compañía.

Pisadas en nuestro corazón, puertas en nuestros oídos,
temblor de los cielos de espaldas, árboles crecidos de improviso,
paisajes bañados por una murmurante dulzura, por una sustancia
que se extiende como un vuelo irisado e instantáneo.
Prados gloriosos, estío, perfil trazado por un dedo de fuego,
blanco papel quemado para siempre detrás de los ojos,
valles que asientan su línea bajo el zureo de las palomas,
fuentes de oro que agitan azules unos brazos helados.
Quietud del mar, neutros estallidos de un imperio cruento,
mudas destrucciones, espuma, golpes del espacio abierto.

Sueños que toman cuerpo, coherentes, en una silenciosa tentativa;
mecanismos ordenados en medio de una numerosa vehemencia,
lujo intranquilo del cielo que sella una hora inmune.
Cuerpo que asciende como la estatua de un ardoroso enjambre
buscando muy arriba la inhumana certeza en que se estalla
para quedar inmensamente vacío y delirante como el viento.

Una idea, Dédalo, una idea que iba a acarrear nuestro futuro,
(un sueño como un agua amarga que mana desde la boca del sol)
los planos hechos a perfección, la elocuencia del número,
el ingenioso resorte para suplantar los ojos de la vida,

DEDALUS ASLEEP

Most musical of mourners, weep anew!
Not all to that bright station dared to climb
                              Shelley

Woven with flames of an irresistable disaster,
atrociously turned to destruction and music,
shouting under the boundary of oceanic blows,
the quick hollow of heavens filling with shadows.
Branches of snow on the shoulder, foot of light on the head,
sudden growing of things hardly guessed at,
a sated breast riding the invisible uproar.
To perish authorized by an unending kindness.
To be nothing now but a shuddering instant, a piercing of the sky,
song of swift life, intense hand of our world, naked.
To wake up live in the sensitive space of an ear,
receiving the heavy matter that music hurls
from a height where all things moan of strange purity.
Limbs of deaf light, collisions of perfected statues,
exploding lamps, rubbish primitive like death.
A glass of wine about to whimper in human torment,
with a stifling happiness that forgets the order of things,
drunk at distances distinct from merciless sound,
wandering in thought in the dance of slamming doors,
isolating a briny squall in the immience of death,
walking on seagrass, news the heart gives out,
pulsing on an infinite scale, a never ending resounding center.

Modified by a random, uncontrollable companion.

Footsteps in our heart, doors in our ears,
the sky-quake of shoulders, trees unexpectedly erect,
landscapes bathed in a murmuring sweetness, by a substance
stretching out like an immediate rainbow flight.
Glorious meadows, summer, profile traced by a finger of fire,
white paper burned forever behind the eyes,
valleys that fix their line under the cooing of pigeons,
fountains of blue gold that wave some frozen arms.
Sea calm, neutral explosions of a bloody empire,
mute destructions, foam, attacks of open space.

Dreams that grow coherent in a silent effort;
mechanisms ordered in the midst of abundant vehemence,
uneasy wealth of the sky sealing an immune hour.
A body that rises like the statue of a burning hive,
seeking, up high, the inhuman certainty in which it bursts
to remain enormously empty and delirious like the wind.

An idea, Dedalus, an idea that was to bring about our future
(a dream like bitter water flowing from the mouth of the sun),
perfect planes, the eloquence of number,
an ingenious metal spring for replacing the eyes of life,

95

todo era una inocente flecha en tránsito de lucidez y muerte.

Ciudades perdidas por un golpe de viento, ganadas por un sueño.
Palabras incendiadas por la fricción de un remoto destino,
murallas de un fuego levantado al que no nos resistimos,
canto arrancado a la tumultuosa soledad de un pecho humano.

NO, TODO NO HA DE SER CENIZA DE MI NOMBRE

No, todo no ha de ser ceniza de mi nombre,
hoja a medio podrir en labios del otoño,
nieve hollada en su tácito delirio,
fruto cuajado en roja muerte.
Porque he llamado a la puerta de mi muerte
después de tantos inacabados impulsos
y tantos signos de caer la nieve
y tantos ciclos de caer la lluvia
y un eterno cristal alzándose con lágrimas
o con la sangre inocente de una aurora.
Pero hay tantos siglos aún que se hacen árbol
para que mis ojos vayan tras la nube
y la hube me lleve hasta un horizonte de mentira.
No. Todo no ha de ser un viaje sin destino,
dolorosa distancia sin poder alcanzarme,
piedra sin llama y noche sin latido,
No. Mi rostro busco, mi música en la niebla,
mi cura a la deriva en mar y sueños.

everything was an innocent arrow on its way to lucidity and death.

Cities lost to a windstorm, won by a dream.
Words kindled by the rubbing of remote destiny,
walls of leaping fire we cannot resist,
a song torn from the tumultuous loneliness of a human chest.

[M.B. & W.B.]

NO, ALL WILL NOT BE ASHES OF MY NAME

No, all will not be ashes of my name,
a half molded leaf in autumn's lips,
snow trampled in still delirium,
fruit bloated in red death.
Because I've knocked at the door of my death
after so many half-hearted urges
and so many signs of falling snow
and so many cycles of falling rain
and an eternal glass rising with tears
or with a dawn's innocent blood.
But there are still so many centuries which turn into trees
for my eyes to go after the cloud
and the cloud to take me to a horizon of lies.
No. All will not be an aimless journey,
painful distance that never reaches me,
a flameless tone and unpulsating night.
No. I seek my face, my music in the mist,
my cipher in the drift of sea and dreams.

[W.B.]

ACONTECIMIENTOS

A veces la mitad de mí mismo esta sin mí
a veces la cuchara está en mi mano izquierda
a veces pueden mirarme como por una ventana
a veces hojas y nubes me ocupan cuerpo adentro
a veces golpeo en el fondo del día
a veces algo más de humano cae sin llanto
a veces me digo qué es un día si todo es origen
a veces mi pecho no es sino distancia
      diáfano sistema   altas estrellas
      piedras desnudas   aguas visitantes
      ráfagas visibles   concentrada noche
a veces junto climas flores sangres
      mañanas marítimas y atardeceres selváticos
a veces cambio resplandores y sombras
      reúno lo olvidado lo desconocido
a veces perforo en la atmósfera del mundo
      por períodos seriales por secuencias nítidas
a veces juzgo de la nieve y el sueño
      y de olas ajenas que sobre mí pasan
      de la noche abriéndome caminos
      y la resaca de fuego de los trenes que pasan
a veces crezco ardiendo cerca de un corazón
      fantasma que ni luz ni sombra llenan.

TE ALISAS, AMOR, LAS ALAS

Te alisas, amor, las alas, tus cálidas plumas.
El oro de la tarde está muy quieto;
pero la angustia es mucho cielo,
muchas celestes llamas
huyendo de tus ojos.
Otros países hay de niebla y lejanía,
otras comarcas pudriéndose de frutos,
otros espacios indecibles, amor;
pero la angustia es mucho rostro,
muchos labios diciendo y no diciendo,
mucho vuelo amargamente encadenado.

EVENTS

At times half of myself is without me
at times the spoon is in my left hand
at times I can be seen as through a window
at times leaves and clouds take over my body inside
at times I pound on the depth of day
at times some other human things fall with no wailing
at times I say to myself what is a day if all is origin
at times my chest is nothing but distance
    diaphanous system   high stars
    naked stones   visiting waters
    visible bursts of wind   concentrated night
at times I put together climates flowers bloods maritime mornings and
    forest sunsets
at times I change splendors and shadows unite the forgotten and
    unknown
at times I perforate the world's atmosphere for serial periods for clean-
    cut sequences
at times I judge snow and dream
    and alien waves slipping over me
    from a night opening roads
    and the surge of fire from passing trains
at times I grow burning near a heart a ghost which neither light nor
    shadow fills.

[W.B.]

LOVE, YOU SMOOTH YOUR WINGS

Love, you smooth your wings, your warm feathers.
The gold of the afternoon is very still
but anguish is half the sky
filled with blue flames
escaping your eyes.
There are other countries of mist and remoteness,
other regions rotting with fruit,
other nameless spaces, love;
but anguish is half a face,
many lips speaking not speaking,
far flight in bitter chains.

[M.B.]

SINRAZON

a Mario Vargas Llosa

yo que pasé
          por
   la luz
   de las aulas
(pájaro espantado
            al que un
exacto alfiler
el ojo le buscó
inquieto)

encanecí

mis plumas se emplomaron
arrastré la patita

y el cálido canto
          de la cascada
          del sol
          del
          corazón

el ascendente vuelo
            hacia
calidoscópicos cielos

la graciosa locura
que fue
      mi alpiste y
mi agua brillante

los dispersados vientos
que tejí
      entre
las hojas
ansiosas

todos y cada uno
          de estos
sucesos
siempre en vilo
y predecibles y nuevos
            hasta
el insensato
gorjeo

de golpe
      entraron
en el aula   en el tintero

una sola sustancia

WRONGNESS

to Mario Vargas Llosa

I who went
                    through
          the light
          of classrooms
(bird terrified
                    by an
exact pin
that was restlessly seeking its eye)

I turned gray

my feathers thickened with lead
I dragged my tiny paw

and the warm song
                    of the waterfall
                    of the sun
                    of the
                    heart

the rising flight
                    to
kaleidoscopic heavens

the gracious madness
which was
            my birdseed and
brilliant water

the absent-minded winds
I wove
          between
the anxious
leaves

all and every one
                    of these
events
ever ready
and predictable and new
                              even
the crazy
warbling
suddenly
            entered
the classroom   the inkwell

a single substance

no azul ni negra
                    pero
tácitamente oscura
bañó de muerte
mi pasado

not blue nor black
                    but
tacitly dark
washed my past
with death

                              [W.B.]

Juan Sánchez Peláez

VENEZUELA, 1922

Translated by Naomi Lindstrom

Since the publication of *Elena y los elementos*, Juan Sánchez Peláez has become one of the most influential figures in contemporary Venezuelan poetry. In the opinion of novelist Adriano González León, this one book "left in ruins prolonged moments of worn out rhetoric and paved the way for the breakthrough of a more creative language." One of the *elements* involved in this decisive moment in Venezuelan poetry was surrealism, an influence to which Sánchez Peláez was exposed through his affiliation with some members of the Mandrágora group while studying in Chile.

Sánchez Peláez has published *Elena y los elementos* (1951), *Animal de costumbre* (1959), *Filiación oscura* (1966), the collection *Un día sea* (1969) and *Rasgos comunes* (1975).

PROFUNDIDAD DEL AMOR

Las cartas de amor que escribí en mi infancia eran memorias de un futuro paraíso perdido. El rumbo incierto de mi esperanza estaba signado en las colinas musicales de mi país natal. Lo que yo perseguía era la corza frágil, el lebrel efímero, la belleza de la piedra que se convierte en ángel.

Ya no desfallezco ante el mar ahogado de los besos.
Al encuentro de las ciudades:
Por guía los tobillos de una imaginada arquitectura
Por alimento la furia del hijo pródigo
Por antepasados, los parques que sueñan en la nieve, los árboles que incitan a la más grande melancolía, las puertas de oxígeno que estremece la bruma cálida del sur, la mujer fatal cuya espalda se inclina dulcemente en las riberas sombrías.
Yo amo la perla mágica que se esconde en los ojos de los silenciosos, el puñal amargo de los taciturnos.
Mi corazón se hizo barca de la noche y custodia de los oprimidos.
Mi frente es la arcilla trágica, el cirio mortal de los caídos, la campana de las tardes de otoño, el velamen dirigido hacia el puerto menos venturoso o al más desposeído por las ráfagas de la tormenta.
Yo me veo cara al sol, frente a las bahías mediterráneas, voz que fluye de un césped de pájaros.
Mis cartas de amor no eran cartas de amor sino vísceras de soledad.
Mis cartas de amor fueron secuestradas por los halcones ultramarinos que atraviesan los espejos de la infancia.
Mis cartas de amor son ofrendas de un paraíso de cortesanas.

¿Qué pasará más tarde, por no decir mañana? murmura el viejo decrépito. Quizás la muerte silbe, ante sus ojos encantados, la más bella balada de amor.

DEPTH OF LOVE

The love letters I wrote in my childhood were memories of a future
paradise lost. The uncertain course my hope would take was figured in
the musical hills of my native land. What I pursued was the fragile
deer, the fleeting greyhound, the beauty of stone turning into angel.

I no longer falter at the drowned sea of kisses.
Off to meet the cities:
For guidance the ankles of an imagined architecture
For sustenance the fury of the prodigal son
For ancestors, the parks that dream in the snow, the trees that trigger
the greatest melancholy, the doors of oxygen that shake the warm
mist from the south, the femme fatale her back sweetly arching
forward by the dark shores.
I love the magic pearl hidden in the eyes of the silent, the bitter dagger
of the taciturn.
My heart became a boat by night and guardian of the oppressed.
My forehead is the tragic clay, the mortal candle of the fallen, the bell
of autumn afternoons, the sails heading out to the least propitious port
or the one most ravaged by the gusting gale winds.
I see myself face to the sun, facing the Mediterranean's bays, a voice
flowing out from a lawnful of birds.
My love letters
were no love letters
they were heart and guts of solitude.
My love letters were hijacked by the overseas
falcons that pass across the mirrors of childhood.
My love letters are offerings from a paradise of courtesans.

What will happen later, not to say tormorrow? murmurs the decrepit
old man. Maybe death will whistle, before his enchanted eyes, the
most beautiful ballad of love.

De ANIMAL DE COSTUMBRE

7

Yo me identifico, a menudo, con otra persona que no me revela su nombre ni sus facciones. Entre dicha persona y yo, ambos extrañamente rencorosos, reina la beatitud y la crueldad. Nos amamos y nos degollamos. Somos dolientes y pequeños. En nuestros lechos hay una iguana, una rosa mustia (para los días de lluvia) y gatos sonámbulos que antaño pasaron sobre los tejados.

Nosotros que no rebasamos las fronteras, nos quedamos en el umbral, en nuestras alcobas, siempre esperando un tiempo mejor. El ojo perspicaz descubre en este semejante mi propia ignorancia, mi ausencia de rasgos frente a cualquier espejo.

Ahora camino, desnudo en el desierto. Camino en el desierto con las manos.

FILIACION OSCURA

No es el acto secular de extraer candela frotando una piedra.
   No.

Para comenzar una historia verídica es necesario atraer en sucesiva ordenación de las ánimas, el purgatorio y el infierno.

Después, el anhelo humano corre el señalado albur.
Después, uno sabe lo que ha de venir o lo ignora.

Después, si la historia es triste acaece la nostalgia.
   Hablamos del cine mudo.

No hay antes ni después; ni acto secular ni historia verídica.

Una piedra con un nombre o ninguno. Eso es todo.

Uno sabe lo que sigue. Si finge es sereno. Si duda, caviloso.

En la mayoría de los casos, uno no sabe nada.

Hay vivos que deletrean, hay vivos que hablan tuteándose
   y hay muertos que nos tutean,
   pero uno no sabe nada.

En la mayoría de los casos, uno no sabe nada.

From CREATURE OF HABIT

7

I often identify with someone else who doesn't let me know his name or features. Between this person and myself, both of us strangely rancorous, there reigns beautitude and cruelty. We love and strangle each other. We are aching and small. In our beds there is an iguana, a faded rose (for rainy days) and sleepwalking cats who once passed across the rooftops.

We who do not cross over the borders, hang back at the threshold, in our chambers, forever waiting for a better time. The shrewd eye discovers in this fellow-man my own ignorance, my lack of features in any mirror.

Now I walk along, naked in the desert. I walk along in the desert on my hands.

DARK BOND

It's not the centuries-old act of striking up fire from a stone.
    No.

To begin a true story, one must draw out in an ordered sequence of ideas souls, purgatory and hell.

Afterwards, human longing runs the known risk.
Afterwards, one knows what will come or doesn't know.

Afterwards, if the story is sad nostalgia sets in.
    We speak of silent movies.

There's no before or after: no ageless act and no true story.

A stone with a name or with none. That is all.

One knows what comes next. If faking, it's serene. If doubting, hesitant.

Most of the time, one knows nothing.

There are live men who spell out words, there are live men who
    speak together familiarly
    and there are dead men who speak to us familiarly,
    but one knows nothing.

Most of the time, one knows nothing.

De LO HUIDIZO Y PERMANENTE

1

Lo que no me tiene en cuenta
Lo huidizo y permanente
Se juntan dos cuerpos y el alba es el leopardo.
Mi quebranto
Salta a la faz del juglar;
Si entras o sales
Turba el eco
Una aureola densa;
Si piensas,
Llama en diversas direcciones la tempestad;
Si miras,
Tiembla el fósforo;
Si vivo,
Vivo en la memoria.
Mis piernas desembocan en el callejón sin luz.
Hablo al que fui, ya en mi
regreso.
Sólo me toco al través
con el revés
del ramaje de fuego.
Por ti, mi ausente,
Oigo el mar a cinco
pasos de mi corazón,
Y la carne es mi corazón
a quien roza mi antaño.
Si entras o sales,
Vuelve al amor la confidencia del amor.
Dime
Si quiebro con los años
un arco iris;
Dime
Si la edad madura es fruto vano;
La mujer agita un saco en el aire enrarecido
Baja a la arena y corre en el océano;
Al amanecer,
Por ti,
mi ausente,
La crisálida en forma de rosa
Una rosa de agua pura es la tiniebla.

10

Oh Tú, Fetiche Solar que nos devuelves huraño el mundo. Casas
abajo, bloques arriba, o cerca de las palmas reales, henos aquí en el
relámpago virtual de nuestra vejez con la mejor mueca, ya somos
apenas visibles, extraño: Vamos a patear la dura tierra, Oh Tú, liviano
de peso, ave de paso, sin peso paso a dormir. Ala, arre, y tizno la tinaja
y estampo el aullido.

From THE FLEETING AND PERMANENT

1

The thing that leaves me out
The fleeting and permanent thing
Two bodies come together and the dawn is the leopard
My grief
Leaps up in the face of the singer of tales.
If you go in or out
A dense aureola
Disturbs the echo;
If you think,
The storm calls out every which way;
If you look,
The match flickers;
If I live,
I live in memory.
My legs lead out into the unlit alley.
I speak to who I was, already on my
way back.
I only touch myself through
with the back side to
the branching mass of flame.
Because of you, my absent one,
I hear the sea five paces
off from my heart,
And flesh is my heart
whom my yesteryears brush by.
If you go in or out,
The confidence of love comes back to love.
Tell me
If I shatter with the years
a rainbow;
Tell me
If the years of maturity ripen in vain;
The woman shakes out a sack in the thin air
Goes down to the sand and runs in the ocean;
At dawn,
Because of you,
my absent one,
The rose-shaped crysallis
A rose of pure water is the dark.

10

O Thou, Sun God who haughtily restoreth to us the world. Up and
down the street or over by the royal palms, here we are in the virtual
flashing-out of our old age, wearing our best grimace, we're already
just barely visible, strange: We are to tramp the hard earth. O Thou,
virtually massless, bird of passage, masslessly I'm passing over into
sleep. Wing, whiz along, smudge the tub and trample down the howl.

NO TE EMPECINES

No te empecines: fija a tu relámpago el oro extremo de sílabas.
No mientas: tu valle profundo es la casa hechizada.
No ilumines nunca lo vacío. No expreses horror.
No tiembles por esa lágrima de plomo
       (de lo que no vuelve nunca o no hallas nunca).
La memoria olfatea a tu reina vestida de gala.
Consta de unas cincuenta plumas el gavilán. Cincuenta.
Sin embargo
No devorarás más tiza en Trinidad o Maturín.
No estimules el grito haciendo equilibrio entre el bien
      y el mal.
El ligero crepúsculo no es cordero de pascua.
El desgarrón del otoño es tan poco simple como la
tempestad.
Tu asombro es eficaz como el tacto de un ciego.
¡Sopla nieve loca entre los pinos!   ¡Jadeante pomposa
 desconocida vastedad azul!
¡Sopla por la nariz el día y el plato por la sombra del
 arcángel donde brinca la nada!
El ave resbala por intermitencias en una mesa con huesos de pájaro.
El ave que se transforma en espíritu.
La noche es una piedra alta
      colocada sobre las estrellas del cielo.
Más próximas sus manos
      más cercana toda mía
más cerca el amor más cerca y salvaje que gime tu mirada.
Espera no te empecines   empínate talante propio.

DO NOT BE STUBBORN

Do not be stubborn; bond to your lightning the extreme gold of
syllables.
Do not lie: your deep valley is the spell-bound house.
Do not ever throw light upon emptiness. Do not express horror.
Do not tremble at this leaden tear
        (of what never returns or you never find).
Memory sniffs at your queen in all her finery.
Some fifty feathers make up the hawk. Fifty.
But still
You shall not devour more chalk in Trinidad or Maturín.
Do not set off the screaming by balancing good with evil.
The light dusk is no paschal lamb.
The ripping of autumn is as little simple as the storm.
Your amazement works well, like a blind man's touch.
Mad snow blows through the pines! Panting pompous unknown blue
        vastness!
The day blows through your nose and the plate through the shadow of
        the archangel where nothingness is frolicking!
The bird scrabbles in fits and starts atop a table with bird bones.
The bird who changes into spirit.
Night is a tall stone
        set atop the stars of heaven.
The nearer her hands
        the closer all mine
the closer love the closer and more savage moaning out your gaze.
Wait do not be stubborn   rise up of your own free will.

LO INMEDIATO

Lo inmediato
    claro y fugitivo
es el horizonte
que nos rodea
                jamás es la corona de sangre
de tus abuelos

ellos prueban el higo y la sal
como un mundo más vasto

tú mides apenas el tamaño
de tu traje taciturno

y la mañana perdida
te busca
y algún lenguaje

para despertarte
o hacer real tu verdadero nombre.

THE IMMEDIATE

The immediate
    clear and fleeting
is the horizon
surrounding us
        it's never the crown of blood
of your grandparents

they taste the fig and the salt
like a wider world

you scarcely measure the size
of your taciturn suit

and the lost morning
searches for you
and some language

to awaken you
or make your true name real.

Alvaro Mutis

COLOMBIA, 1923

Translated by Luis Harss

"The expansion of language and a refraction of the critical faculty can coincide without neutralizing each other." According to Guillermo Sucre the poetry of Alvaro Mutis is a case in point. With Mutis, poetry moves beyond the established patterns, the literary models, into experiences and aspects of contemporary daily life that to him seem more charged with poetry than poems themselves. Peculiar professions, objects, characters and incidents that seem to belong to our world as well as to the world of myth, give this poetry a strangeness that some have likened to the novels of his fellow countryman Gabriel García Márquez.

Mutis has published several volumes of poetry: *La balanza* (1948), *Los elementos del desastre* (1953), *Los trabajos perdidos* (1961), all included in *Summa de Maqroll el gaviero* (1973). He has also published two collections of short stories: *Diario de Lecumberri* (1960) and *Araucaima, novela gótica de tierra caliente*.

AMEN

Que te acoja la muerte
con todos tus sueños intactos.
Al retorno de una furiosa adolescencia,
al comienzo de las vacaciones que nunca te dieron,
te distinguirá la muerte con su primer aviso.
Te abrirá los ojos a sus grandes aguas,
te iniciará en su constante brisa de otro mundo.
La muerte se confundirá con tus sueños
y en ellos reconocerá los signos
que antaño fuera dejando,
como un cazador que a su regreso
reconoce sus marcas en la brecha.

CANCION DEL ESTE

A la vuelta de la esquina
un ángel invisible espera;
una vaga niebla, un espectro desvaído
te dirá algunas palabras del pasado.
Como agua de acequia, el tiempo
cava en ti su manso trabajo
de días y semanas,
de años sin nombre ni recuerdo.
A la vuelta de la esquina
te seguirá esperando vanamente
ese que no fuiste, ese que murió
de tanto ser tú mismo lo que eres.
Ni la más leve sospecha,
ni la más leve sombra
te indica lo que pudiera haber sido
ese encuentro. Y, sin embargo,
allí estaba la clave
de tu breve dicha sobre la tierra.

AMEN

May death welcome you
with all your dreams intact.
Fresh out of a furious adolescence,
one the eve of a vacation that never came,
death will single you out with its first warning;
will open your eyes to its deep waters,
touch you with its constant otherworldly breeze;
seep into your dreams
where it will recognize the signs
it left there long before,
like a hunter doubling back
over his own tracks.

SONG OF THE EAST

Around the corner
an invisible angel,
a misty shape, a faded specter
awaits you with a word from the past.
Like running water, time
wears you down with its slow work
of days and weeks,
of nameless, memoryless years.
Around the corner
the self lost on the way
to becoming what you are
will go on waiting in vain.
Not a hint,
not the faintest shadow
to suggest what your meeting
could have meant. And yet,
it held the key
to your brief happiness on earth.

LIED EN CRETA

A cien ventanas me asomo,
el aire en silencio rueda
por los campos.
En cien caminos tu nombre,
la noche sale a encontrarlo,
estatua ciega.
Y, sin embargo,
desde el callado
polvo de Micenas,
ya tu rostro
y un cierto orden de la piel
llegaban para habitar
la grave materia de mis sueños.
Solo allí respondes,
cada noche.
Y tu recuerdo en la vigilia
y, en la vigilia, tu ausencia
destilan un vago alcohol
que recorre el pausado
naufragio de los años.
A cien ventanas me asomo,
el aire en silencio rueda.
En los campos,
un acre polvo micenio
anuncia una noche ciega
y en ella la sal de tu piel
y tu rostro de antigua moneda.
A esa certeza me atengo.
Dicha cierta.

LIED IN CRETE

I look out a hundred windows:
a silent air
rolls over the fields.
Your name along a hundred roads,
night coming out to meet it,
a blind statue.
And yet,
in the stillness
of Mycenean dust,
I could already
sense your face,
your promised shape,
rising to haunt
the grave substance of my dreams.
Only there do you answer my call,
every night,
your sleepless memory,
your wakeful absence
distilling a vague alcohol
through the slow shipwreck
of the years.
I gaze out a hundred windows:
a silent air rolls by.
In the fields,
an acrid Mycenean dust
announces a blind night
bearing the salt of your skin,
the ancient coin of your face.
In that certitude I rest.
In happiness.

UNA PALABRA

Cuando de repente en mitad de la vida llega una palabra jamás antes
  pronunciada,
una densa marea nos recoge en sus brazos y comienza el largo viaje
  entre la magia recién iniciada,
que se levanta como un grito en un inmenso hangar abandonado donde
  el musgo cobija las paredes,
entre el óxido de olvidadas criaturas que habitan un mundo en ruinas,
  una palabra basta,
una palabra y se inicia la danza pausada que nos lleva por entre un
  espeso polvo de ciudades,
hasta los vitrales de una oscura casa de salud, a patios donde florece el
  hollín y anidan densas sombras,
húmedas sombras, que dan vida a cansadas mujeres.
Ninguna verdad reside en estos rincones y, sin embargo, allí sorprende
  el mudo pavor
que llena la vida con su aliento de vinagre—rancio vinagre que corre
  por la mojada despensa de una humilde casa de placer.
Y tampoco es esto todo.
Hay también las conquistas de calurosas regiones, donde los insectos
  vigilan la copulación de los guardianes del sembrado
que pierden la voz entre los cañaduzales sin límite surcados por
  rápidas acequias
y opacos reptiles de blanca y rica piel.
¡Oh el desvelo de los vigilantes que golpean sin descanso sonoras latas
  de petróleo
para espantar los acuciosos insectos que envía la noche como una
  promesa de vigilia!
Camino del mar pronto se olvidan estas cosas.
Y si una mujer espera con sus blancos y espesos muslos abiertos como
  las ramas de un florido písamo centenario,
entonces el poema llega a su fin, no tiene ya sentido su monótono treno
de fuente turbia y siempre renovada por el cansado cuerpo de viciosos
gimnastas.

Sólo una palabra.
Una palabra y se inicia la danza
de una fértil miseria.

A WORD

When suddenly in the middle of life a word arrives that one has never
    uttered before,
a dense tide sweeps us up in its arms, a newborn magic starting us on a
    long journey,
rising like a cry in a huge abandoned hangar with moss-covered walls
and the rust of forgotten creatures that inhabit a world in ruins, a word
is all we need to set off the slow dance that carries us through the thick
    dust of cities,
to the glowing windows of a dark house of health, to courtyards where
    soot blooms and shadows grow,
damp shadows that give life to tired women.
No truth resides in these corners, and yet their awesome life struck
    us dumb with its vinegary breath, its rancid flow through the wet
    stores of a humble house of pleasure.
And that isn't all.
There are also the conquests of hot regions where insects watch over
    the copulating guardians of the soil
who lose their voices in the endless cane fields streaked with quick-
    running ditches
and the bright skins of dull reptiles.
Oh the sleepless watch of the guardians who tirelessly beat echoing oil
    drums
to scare off the ravaging insects the night sends as a promise of
    wakefulness!
In sight of the sea these things are soon forgotten.
And if a woman waits with her white and heavy thighs open like the
    flowering branches of an ageless shade tree,
then the poem has arrived, there is more need for its monotonous hum
always from the same troubled source constantly renewed in the tired
    bodies of vicious gymnasts.

A word.
A single word to set off the dance
of fertile misery.

SONATA

¿Sabes qué te esperaba tras esos pasos del arpa llamándote de otro
    tiempo, de otros días?
¿Sabes por qué un rostro, un gesto, visto desde el tren que se detiene al
    final del viaje,
antes de perderte en la ciudad que resbala entre la niebla y la lluvia,
vuelven un día a visitarte, a decirte con unos labios sin voz, la palabra
    que tal vez iba a salvarte?
¡A dónde has ido a plantar tus tiendas! ¿Por qué esa ancla que
    revuelve las profundidades ciegamente y tú nada sabes?
Una gran extensión de agua suavemente se mece en vastas regiones
    ofrecidas al sol de la tarde;
aguas del gran río que luchan contra un mar en extremo cruel y
    helado, que levanta sus olas contra el cielo y va a perderlas
    tristemente en la lodosa sabana del delta.

Tal vez eso pueda ser.
Tal vez allí te digan algo.
O callen fieramente y nada sepas.
¿Recuerdas cuando bajó al comedor para desayunar y la viste de
    pronto, más niña, más lejana, más bella que nunca?
También allí esperaba algo emboscado.
Lo supiste por cierto sordo dolor que cierra el pecho.
Pero alguien habló.
Un sirviente dejó caer un plato.
Una risa en la mesa vecina,
algo rompió la cuerda que te sacaba del profundo pozo como a José los
    mercaderes.
Hablaste entonces y sólo te quedó esa tristeza que ya sabes
y el dulceamargo encanto por su asombro ante el mundo,
alzado al aire de cada día como un estandarte que señalara tu
    presencia y el sitio de tus batallas.
¿Quién eres, entonces? ¿De dónde salen de pronto esos asuntos en un
    puerto y ese tema que teje la viola
tratando de llevarte a cierta plaza, a un silencioso y viejo parque
con su estanque en donde navegan gozosos los veleros del verano?
No se puede saber todo.
No todo es tuyo.
No esta vez, por lo menos. Pero ya vas aprendiendo a resignarte y a
    dejar que
otro poco tuyo se vaya al fondo definitivamente
y quedes más solo aun y más extraño,
como un camarero al que gritan en el desorden matinal de los hoteles,
órdenes, insultos y vagas promesas, en todas las lenguas de la tierra.

SONATA

Do you know what awaited you in the runs of the harp calling you back
    through world and time?
Do you know why a face, a gesture, seen from a train pulling in,
before you vanished in the city slipping into fog and rain,
visits you again, with voiceless lips to say the word that might have
    saved you?
Who pitched your tent so far!
Why the anchor searching blind depths unknown to you?
A great stretch of water gently stirs in vast regions offered to the
    afternoon sun;
Great rivers battling the cruelest frozen sea,
    raising waves to the sky, only to flatten out
    in the sadness of the delta mud.

A chance, perhaps.
A chance the word
might be spoken there.
Or kept from you in a proud silence.
Do you remember when she came down for breakfast and she seemed
    more a child than ever, more distant and more beautiful?
There, too, something lay in wait.
But someone spoke.
A servant dropped a plate.
A laugh at the next table,
something broke the rope that was drawing you from the depths, like
    Joseph rescued by the merchants.
Then you spoke and were left with only the sadness you know so well
and the bittersweet taste of her wonder at the world,
raised high each day like a flag marking your presence and your
    battleground.
Who are you, then? And why suddenly dredge up an old harbor, a
    certain silent park woven into the theme of the viola,
with the happy boats of summer still sailing its pond?
Not all can be known.
Not all is yours.
Not this time, at least. As you become resigned to letting a bit more of
    yourself
sink to the bottom forever
leaving you even more alone
and stranger to yourself,
like a waiter in the morning rush of a hotel
receiving shouted orders, insults and vague promises, in every tongue
    on earth.

Lorenzo García Vega

CUBA, 1926

Translated by Thomas Hoeksema

One of the youngest and most active contributors to *Orígenes*, the now-famous magazine edited by José Lezama Lima from 1944 to 1956, Lorenzo García Vega has been living in exile since 1968 and to this day remains a rebellious, heretical writer: a "protestant Jesuit," to use Lezama Lima's brief but superb description. He is a craftsman with a very keen awareness of the tricks and pitfalls of the craft and his writing reflects both the desire to fully express an emotion, or an idea, and the uneasiness or outright anger that follow an analytical dismantling of his own means, of any given means, model, style or assumption that make possible — and impossible — that same full expression.

García Vega has published two volumes of poetry: *Suite para la espera* (1948) and *Ritmos acribillados* (1971) as well as two volumes of short stories: *Espirales del cuje* (1952), which received the National Prize for Literature, and *Cetrería del títere* (1960). In addition, two recent titles show his increasing tendency to fuse in a very personal and, to some critics, a very disturbing way fiction and reality, narrative and lyrical or speculative forms: *Rostros del reverso* (1977), a diary kept intermittently between 1952 and 1975, and *Los años de Orígenes* (1979).

TU. RITMOS ACRIBILLADOS

Ahogo, o la sal: tantos años asaltan. Pero único este septiembre: coloración surgiendo de la piel de las cosas que, en las sienes, se instala como un mito.

Tartamudeo de rincones, de gritos usados y perdidos. Ahogo, o la sal: tantos otoños asaltan. Y un río de baratos ritos, un río de viejos programas de cine, un río donde una sed sin sentido desalienta a una tarde anacrónica.

Mi amiga, tú, fiel a mi aventura. Mi amiga, fiel. Como no eres el rencor, ni el rechazo, ni la furia, busco, sin metáfora, tu pelo, como un espacio, humano, donde no sea necesario que me esconda.

Pero bate . . . Sin duda. Bate quemado rostro o historia, una anécdota que ya a nadie preocupa. Bate una brisa estéril, una brisa guardada, ¡y que hay que ver para qué puede servir una brisa guardada! (Brazos rotos, de ausentes atrapados en espejos. Fauna de antiguos circos arados por el tiempo. Risas que sólo los muertos esconden).

Mi amiga, tú, ritmos acribillados. Mi amiga, esas palabras que, como tatuajes o medallas, se han colocado sobre mochas estatuas. Pues hemos visto tantas noches; pues hemos visto una sola, la noche, agujereada o tránsfuga, difícil, y sin embargo, su unidad cedía, en nuestras manos, algo tan antiguo como la rosa seca que sirve de señal a un libro.

Bate . . . sin duda. Es el otoño. Ahogo, o la sal . . . Mi amiga—ritmos acribillados—, junto a mí. Y decimos: el corazón, el silencio, las nubes, el recuerdo, los ojos en la noche, el amor inmortal, la primavera; pero un viento seco de cristal ajado, o un viejo polvo de la ausencia, o un sonido de rota victrola raspando la herida—petrificada—de todos los objetos, nos envuelve, nos cruza, a nosotros, vacilantes—quizás—, ante la nada.

Mi amiga, tú, quererte. Pero ritmos acribillados junto a nuestras sombras, junto a nuestras noches, junto a nuestros cuerpos fundidos, como soles grabados sobre una inmemorial arena de rostros anacronicos.

Ahogo, o la sal: tantos otoños asaltan. Pero único este septiembre: coloración surgiendo de la piel de las cosas que, en las sienes, se instala como un mito. Y tú, yo, inventándonos, amándonos, bajo el liso desquiciamiento de la nada; bajo la rugosa, inmóvil, insistencia, de viejos objetos apenas olvidados.

YOU. PIERCED RHYTHMS

Suffocation, or salt: so many assaulting autumns. But unusual this September: coloration streams from the skin of things residing like a myth in the temples.

A stammering of corners, of worn and wasted screams. Suffocation, or salt: so many assaulting autumns. And a river of tawdry rites, a river of faded movie bills, a river where meaningless thirst weakens an anachronistic evening.

You, my friend, faithful to my adventure. My friend, faithful. Because you are not the resentment, the rejection, not the rage, I am looking, not metaphorically, for your hair, like space, human, where I have no need to hide.

But it strikes. . .no doubt. A seared face or history strikes, a tale no longer troubling anyone. A sterile breeze strikes, a sheltered breeze. And you have to see what a sheltered breeze can do! (Broken arms, of the missing trapped in mirrors. Fauna of an ancient circus plowed by time. Laughter only the dead conceal.)

My friend, you, pierced rhythms. My friend, these words, like tattoos or medals, have arranged themselves on mutilated statues. Because we have seen so many nights; because we have seen only one night, stabbed or fugitive, arduous, and its unity receded in our hands, a presence faded like the bookmark of a withered rose.

It strikes. . .no doubt. It is autumn. Suffocation, or salt. . .My friend—pierced rhythms—close to me. And we say: the heart, silence, clouds, memory, eyes in the night, immortal love, springtime: but an arid wind of jagged crystal, or the old dust of absence, or the sound of a broken victrola scratching the wound—petrified—of all objects, surrounds us and cuts across us, across us, wavering—perhaps—before nothingness.

My friend, you, wanting you. But pierced rhythms next to our shadows, next to our nights, to our fused bodies, like suns engraved on an immemorial stage of anachronistic faces.

Suffocation or salt: so many assaulting autumns. But unusual this September: coloration streams from the skin of things residing like a myth in the temples. And you, I, inventing ourselves, loving each other, beneath the smooth disorder of nothingness; beneath the wrinkled, motionless persistence of old objects scarcely forgotten.

VARIACIONES

De la tarde a la noche no hubo tránsito. Estaba ahí. La lluvia la presiente, la envuelve. Va como encapsulada en cada gota. Promesa de un otoño eterno. Con acre sabor en los oídos.

El chubasco al lado de la noche persistía. Lamiendo en ondas el agua emponzoñada. Ligeras corrían en breves presagios. Juego minúsculo: pequeñas amazonas que agitadas atravesaban la calle.

Breve mueca que hace la lluvia al tocar la acera. Desgesto y vieja mueca. Mueca de parroquia al insinuar sus campanas.

El estremecimiento de lo viejo, de un algo impensado retenía. Tú. Tú. Parecían venidas de muy lejos las puertas y ventanas. El sueño desenvolviéndose por las casas. (Confianza de extraños recovecos y dulce melodía.)

¡Noches de lluvia que al pellejo se adhieren como gatos! Noches, resbalar. ¡Noches de inhumado eco, con sus pestañas tentando el vértigo de luz! Caminan las calles, son descubiertas en relampagueantes zigzag de casa con relicario antiguo. Y encogidos gatos de esparcidos ojos. ¿Luminosos?

¿Tentación? ¿Cruce de calles? ¿Caminar? Oh, sí, tarde como manto, vívido paisaje. Reminiscencia de cansados niños en el portal tendidos.

Despaciosos pinos se mueven. Carretera de cristal por la luna empapada. Cañaverales meciendo sus ensueños: Torpes. Quedo guiño de estrellas.

La locomotora cargada de tesoros sucios.

Me hieren los minutos. Siento el estremecimiento delirante. Desgárrenseme las carnes: percibo el devenir plástico del día.

Mi mirada inmadura quiere besar las cosas. Tengo el miedo terrible de perder el devenir, perseguido en la colina y en el río.

Las cosas se presentan, ay, en majestuosidad imponente. Quiero elevarlas al sol y esconderlas en estuche.

Quiero seguir en círculos creciendo.

Es la hora nocturna del buitre, ya sus alas azotan los balaústres.

Mas, no he de mirarlo. Callo. Es un triste resabio de ancestral desilusión.

Se insinúa el buitre por las rejas. Con mirada de águila y latir

VARIATIONS

There was no passage from evening into night. It was there. The rain foresees and surrounds it, as if enclosing it in every drop. Promise of eternal autumn. With a sour taste in your ears.

The storm persevered on the edge of night. Poisoned water lapping in waves. Swiftly they flowed in fleeting omens. A trifling game; small tempestuous amazons who crossed the street.

A brief face made by the rain striking against the pavement. Expressionless and aged face. Face of the gently tolling parish bells.

Trembling of the aged, preserving something unseen. You. You. Doors and windows seemed to approach from far away. The dream unfolding through houses. (Confidence in strange nooks and a sweet melody.)

Nights of rain that cling to our skin like cats! Nights, slipping. Nights of buried echoes with eyelashes tempting the vertigo of light! The streets are walking, revealed in streaking lightning of the house with an ancient shrine. And frightened cats with scattered eyes. Luminous?

Temptation? Crossroads? A walk? Oh, yes, evening like a veil, vivid landscape. Reminiscence of weary children stretched out on the porch.

Languid pines are stirring. Crystal road saturated by the moon. Plantations rocking their fantasies: sluggish. Noiseless wink of stars.

The locomotive loaded with filthy treasures.

The minutes wound me. I feel the frenzied shaking. They are tearing the flesh from me: I see the plastic cycle of day.

My childish gaze wants to kiss all things. A terrible fear of wasting the cycle, pursued on the hill and the river.

Things offer themselves, alas, in imposing majesty. I want to raise them to the sun and conceal them in a sheath.

I want to continue growing in circles.

It is the vulture's noctural hour, already his wings scourge the balustrades.

Further, I have not seen it. I am silent. A shameful habit of ancestral disillusion.

The vulture creeps in by the railing. With the look of an eagle and in

afiebrado, insinúa torrentes de palabras calladas y parece que esconde mil mares de antaño.

Solitario buitre. De mirada madura, témole a tu pico y a tu canto, desesperadamente. He de seguir tocando el fantasma dormido.

He de vivir por siempre. Me bañaré en los ríos y habrá lumbre encendida.

Sí, allá en la ciudad de la jerga dulce, el cantar afiebrado ilumina las murallas.

Después, me puedes destrozar buitre. Es mi precio a mi ansia de vida.

(El buitre se extraña inútilmente, con meneo de cola escucha a las estrellas.)

Meridiano. Y las porfías de niños se retuercen entre las flores. Y los organillos cercanos a la mar anuncian la llegada del velero.

Reloj. Exactitud y los blancos cristales de las copas. Y los altisonantes gritos del vendedor: últimos gritos y la parranda de las frondas. Y se abren las compuertas de la calle. Mientras las quejas se disipan en la nimiedad de la blancura.

Girar instantáneo. Vuelo de nubes. Las casas flotan en su diluvio estremecido. Nimiedad, luz clara. Mediodía.

feverish spasms, he creeps in torrents of silent words and seems to hide a thousand seas of long ago.

Solitary vulture. A venerable stare. I fear your beak and song, hopelessly. I must continue stroking the sleeping phantom.

I must live forever. I will bathe in the rivers and ignite a spark.

Yes, there in the city of pleasing jargon, the fevered songs illumine the walls.

Afterwards, vulture, you can destroy me. The price for my anxiety in life.

(The vulture banishes himself pointlessly, with a shaking of his tail he responds to the stars.)

Meridian. The quarrels of children twist among the flowers.
Hand organs near the sea announce the pilgrim's arrival.

Clock. Accuracy and the white crystals of goblets. And shrill screams of a vender: final screams and the spreading of fronds. And floodgates of the street are opened. While complaints disperse in the trivia of whiteness.

Instantaneous spinning. Flight of clouds. Houses float on their trembling flood. Trivia, transparent light. Noon.

TODAVIA UNA CONFESION

Contemplé—legión de borrosas pupilas—árbol inmenso de la noche. Se derramaban luces: se derramaban cantos, lengua de la ausencia: un trajinar que excita, y que también escapa a mi esperanza.

Estabas allí. Mujer, o el eco de unas hojas. Arbol inmenso de la noche. Tu plenitud, desnuda como la ausencia. Yo galopaba por mis recuerdos.

Lacios escombros. En las esquinas, montón pueril de sombra. Y, fina lección, aprendida a través de tus ojos, vaga con leve agitación, por este lápiz.

Una llamada por tu pelo. Tú estabas allí—sombras, escombros, rincones—, en pupilas, en bujías, que se apagan—no del todo—como para recortarse.

Debo recordar que, tantas veces he estado buscando este camino. Debo recordar un estúpido espacio, una calle, una librería. Pero la vil confianza en la astucia de un conjuro, pero marchitas astas prejuiciadas por mi sueño. He fingido el amor.

Tracé rostros, manos, situaciones. Hube de vivir bien cerrado al humo del invierno. Sin embargo, pudo salvarme la cáscara de una mañana lejana: aquella taza perdida en un reloj, con que mi rostro se hizo de palo y de cristal. Desde entonces, he podido descender por ella para desgreñar conversadores, hombres con pupilas turbias y, sin embargo, conmovedoras, tiernas o terriblemente desvalidas. El frío, el seco vacío de sus palabras, yo los recogía con alucinación, en esa monda mancha de sonido que quedó lejana, cifrada por sus rostros.

También, bajo otro recuerdo, un espacio helado me construía sentidos, labios, manos. Ojos avisores, alucinados, fijos a un trecho del saludo del tiempo, del saludo del sueño. Era un recuerdo del colegio de los jesuitas: batía el aire, frío, de una tarde, y yo concentraba blancos caminos, sobre un solo punto de mi rostro.

Ese espacio me obsede: ojo, punto del rostro, taza de una mañana, pequeña fijeza de una tarde en el colegio. Y, desde este aire en que vanamente me esquino; desde esta corta prisión, donde algo, semejante a la vida, me hace sacar los brazos, trazo, débilmente, vagos contornos de una ausencia; restos, inútiles, de una estructura onírica.

Pero ese espacio también me pierde. Donde busco, y también lamento, vagas, legiones que mi adolescencia diseñó: ahora absurdas; ahora estrafalarias.

Tú, tu sombra, tu pelo, tus ojos. Mujer. Precaria anécdota que sale de tus labios: cuando niña rozabas, vestida con un traje de fiesta, largos

STILL A CONFESSION

I pondered—swarm of clouded pupils—immense tree of night. Lights overflowed; songs overflowed; the language of absence: a transport that arouses and escapes my hope.

You were there. Woman, or the echo of some leaves. Immense tree of night. Your abundance, naked as absence. I galloped through my memories.

Faded debris. On the corners, childish mound of shadow. And, subtle lesson, learned from your eyes, wanders through my pencil with a slight vibration.

A summons from your hair. You were there—shadows, debris, corners—in pupils and candles, that are smothered—not entirely—as though to trim them.

I should remember that many times I have sought this path. I should remember an insensible space, a street, a bookstore. But a vile confidence in a sly incantation, withered spears biased by my dream. I have simulated love.

I traced faces, hands, situations. I had to live completely sealed from the winter's smoke. Still, I was saved by the shell of a remote morning: that cup lost in a clock that shaped my face from wood and crystal. Since then, I've been able to descend through her to disturb the talkers, men with troubled eyes, and, yet, affecting, tender or terribly vulnerable. The cold, the barren void of their words, I collect them in hallucination, in that immaculate blemish of sound, always remote and interpreted by their faces.

Also, under another memory, a frozen space composed my feelings, lips, hands. Counseling eyes, hallucinated, focused at a distance from the greeting of time, from the greeting of dream. It was a memory of the Jesuit school: the cold air swirled, of an evening, and I concentrated on white paths, on a single point of my face.

That space obsesses me: eye, a facial detail, a cup of some morning, the delicate stability of evening at the school. And, from this air where I am cornered in vain, from this narrow prison, where something, resembling life, makes me stretch out my arms, I trace, weakly, vague contours of an absence; residue, useless, of an oneiric design.

But that space also loses me. Where I seek, and also mourn, obscure swarms sketched by my adolscence: now absurd, now eccentric.

You, your shadow, your hair, your eyes. Woman. Precarious tale flowing from your lips: you grazed as a child, clothed in a party dress,

guiños forestales, viejas praderas del sueño. Pero temo, tu risa puede caer sobre el vacío. Mujer, sombra.

Permanezco, permanece la noche: inmenso árbol. Hojas que me alucinan. Hojas que enferman la alegría. Esta inmóvil imagen, cifrada sobre el rocío, pesa, tambien, como los huesos.

Sin embargo estoy. No me avergüenzo: vivo. No puedo dejar de vivir, de comprender, de estar, en estas sinuosas melenas de las calles, en estos techos bajos del sueño. La película, irrisoria, del tiempo. aporta un consuelo, semejante al de ese conocimiento que por siempre he perdido.

Los árboles, los ojos, mi madre, mi mesa, el cuarto donde escribo, el lugar donde meticulosamente me aburro: todo está bien. Gira el mundo sobre sí mismo.

Algunos pueden figurarse mi insensibilidad. Me echan en cara la neurosis. Cara de palo, cara de cristal. Ambas húmedas, vacías, del recuerdo. A veces, los gestos asoman como piezas ceremoniales de un destierro.

Porque mi vida se encierra sobre una decisión, sobre un absurdo. Talado, olvidado, libro, de las imágenes, donde no puedo menos que remendar mi naturaleza. Hoy—aunque sólo sea por un instante—me arriesgo, a no jugar en lo que siempre juego. No contesto.

Arbol, árbol inmenso de la noche. Vendado el sueño: mi imposible alegría. Pero trazo—¡siempre!—, a sabiendas, lo absurdo de una imagen, como para despertar la vida que no espero. Y quizás, esto pueda ser la salvación.

long woodland winks, aged meadows of dream. But I am afraid, your laugh can fall on the void. Woman, shadow.

I endure, the night endures: immense tree. Leaves that deceive me. Leaves that sicken joy. This motionless image, figured above the dew, with a weight like bones.

Still, I am. I am not ashamed: I live. Unable to cease living, understanding, or being, in these sinuous tangled hairs of streets, in these shallow vaults of dream. The film, mocking, of time, brings consolation, resembling the knowledge I have lost forever.

The trees, eyes, my mother, my desk, the room where I write, the place where I meticulously grow weary: everything is fine. The world spins upon itself.

Some can imagine my insensibility. They reproach my neurosis. Wooden face, crystal face. Both moist, void, of memory. At times, gestures appear like ceremonial fragments of exile.

Because my life is confined by a decision, an absurdity. Wasted, forgotten, book of images, where I can only restore my nature. Today—if only for an instant—I take the risk, not to play the perennial game. I do not answer.

Tree, immense tree of night. Blindfolded dream: my impossible joy. But I trace—always!—fully aware, the absurdity of an image, as if to revive the life I do not expect. And perhaps, that can be my salvation.

EL SANTO DEL PADRE RECTOR

Llegó ese día de fiesta en el colegio: lo siente como un frío. Sin embargo, él va también hasta allí, hasta el borde de ellos. Cerca de ellos, pero no más que para pensar en sus cosas, en sus casi cosas, en su historia. Por eso, no puede saber cómo son los gritos, las risas, los juegos. Y cuando el jesuita—gordo, sofocado—tira caramelos por una ventana, él se levanta con los demás, se agacha como los demás, llega a recoger bombones en un rincón; pero luego se ve, entrando en la alegría de ellos como el que desenfadadamente penetra en una casa ajena, y se avergüenza.

Ahora unos montan a caballo; otros, cerca del campo de pelota, se acercan al camión que tiene los refrescos: se sofocan, pelean, ríen: él nunca conocerá su secreto. Pero aún insiste, va a quedarse para la *sesión de la tarde*, ensaya una que otra carrereta y, al final, siente sobre sus brazos el forro empapado en sudor de su saco. Ellos, los otros, sin embargo, giran con una luz, con un calor distinto.

Ya, nítidos, los ve. Los precisa, los dibuja. En las filas, en el comedor o en los juegos: palpitante, un solo organismo lleno de ruido y sudor, surge de sus cuerpos unidos. Y él intenta vivir un poco como ellos, doblar para sí, como si fuera un pañuelo, el tapiz de sus gritos. Y se acerca al banco de madera de la galería donde está sentado Ramón López: gordo, anodino, fofo, con barquillo de helado en una mano. Y se pone a imitar sus gestos de niño cándido—casi idiota—, como para remendar la soledad.

Pero, no hay salida, tiene que verlos de lejos. Tiene que ver su inmensa masa, globo de ruidos y colores fulgurantes, que suena con la nostalgia de los lugares adonde no ha estado, con las risas del circo donde estuvo solo. Porque esa inmensa presencia, porque ese ruido de ellos, es la presencia y el ruido, de una carpa grande tan grande como el mundo, en que él no penetra.

Ahora ya es de noche. Ha terminado el día de santo del Padre Rector. Desde un pequeño paradero de tranvías—mortecina luz donde nacen chicharras, un solo banco de piedra para un viajero de humo—él, de la mano de sus padres, va entendiendo, lentamente, por la soledad, como el que escala, cautelosamente, una ladera nocturna. Y no es que deje de verlos, no: sabe que están allí, en el colegio: sabe que están dentro de una carpa grande, tan grande como el mundo. Y sabe, también, que ellos han de reírse, siempre, con ruido voluptuoso y alucinante, sobre la estéril pantomima de sus gestos.

El: soledad, títere: lanza su lamentable mímesis, cubierto con el forro empapado en sudor del uniforme de gala del colegio. Ellos: surgiendo, entrando, saliendo, por esa calle siempre prestigiosa, donde los cinematógrafos están cubiertos con la sombra de un gigante familiar.

THE RECTOR'S NAME DAY

That day arrives, the school holiday: he feels it like a chill. Yet he too goes up there, just to the edge of the group. Close to them, but only to reflect on his own concerns, about his almost concerns, about his own story. That is why he is unable to understand the shouts, the laughter, the games. And when the Jesuit—fat, breathless—throws caramels through a window, he stands up with the others, bends over like the rest of them, and picks up candies in a corner; but then he sees himself, joining in their fun like someone who confidently goes into someone's house, and feels ashamed.

Now a few are mounting horses; others, near the ballfield, are approaching the truck selling refreshments: they are breathless, scuffling, laughing; he will never know their secret. Yet he persists, he remains for the afternoon session, he attempts a few little sprints and, finally, feels on his arms, the sweat-soaked lining of his coat. The others are then, anyhow, whirling with intensity, with a different warmth.

Already, sharp and clear, he sees them. He focuses on them, outlines them. In rows, in the dining room or during games: trembling, a single organism full of noise and sweat, emerges from their united bodies. And he tries to live a bit like them, to fold himself up, as if he were a handkerchief, the tapestry of his screams. And he approaches the wooden gallery bench where Ramón López is seated: fat, insipid, soft, with an ice-cream cone in his hand. And he begins imitating his simple, childish gestures—almost an idiot—as if to heal his solitude.

But there is no way out, he must view them from a distance. He must observe their imposing mass, sphere of noises and shining colors, that rings with nostalgia of places he has never been, with laughter from the circus where he was alone. Because that imposing presence and their noise is the presence and noise of a big tent, as big as the world, which he does not enter.

Now it is night already. The Rector's Name Day is over. From a small trolley stop—a dying light where cicadas are born, a solitary stone bench for a shadowy traveller—he, holding his parent's hands, becomes aware, slowly, in the solitude, like someone who climbs, cautiously, a nocturnal slope. And not that he stops seeing them, no: he knows they are there, in the school; he knows they are inside a big tent, as big as the world. And he knows, also, that, they must laugh, always, with sensual and hallucinating noise, above the sterile pantomime of their gestures.

He: solitude, puppet: flings off his pitiful miming, covered by the sweat-soaked lining of the school dress uniform. They: surging, going in, coming out, down that perennially distinguished street, where movie projectors are covered by the shadow of a giant familiar.

Eso es así, lo sabe desde entonces, lo sabrá siempre. Y, cuando después de haber tomado el tranvía, apoya su frente en el cristal de la ventanilla, comprende que esas pequeñas luces que ruedan por lo oscuro de la noche, tienen la misteriosa dulzura del frío que se acepta, del frío en que se penetra por secreta vocación.

That is how it is, he knows it from that moment, he will know it always. And, when after having taken the trolley, he rests his forehead on the pane of the small window, he understands that those tiny lights spinning in the darkness of the night possess the mysterious sweetness of the cold which he enters by secret vocation.

Marco Antonio
Montes de Oca

MEXICO, 1932

Translated by Mary Barnard
& Willis Barnstone

According to Octavio Paz, Montes de Oca is the initiator of the new Mexican poetry. His is the sign that points to what is appearing, surging, rising, provoking: Thunder. Akin to the best — least mechanical — figures of surrealism, such as Octavio Paz, and to Vicente Huidobro, who was one of the greatest poets of Latin America, Montes de Oca is an exceptional, dazzling master of the craft. There is no realism in his work, nothing but the strange, often magical reality of words; but then, in his poetry, words are not a passive assemblage of mirrors but living, astonishingly live verbal organisms.

Among his publications: *Ruina de la infame Babilonia* (1953), *Delante de la luz cantan los pájaros* (1959), *Vendimia del juglar* (1965), *Las constelaciones secretas* (1976) and *En honor a las palabras* (1979). Two very complete collections of his poetry are available: *Poesía reunida* (1953-1970) and *Comparecencias* (1968-1980).

ANTESALA MINISTERIAL

De tanto estar sentado
Al santón le salieron raíces
Ramas nudos hojas
No tocó a la muerte
Ni oyó girar
El oro herrumbroso
De los póstigos del cielo
Su médula le abandonó la espalda como una serpiente
La vanidad del iluminado
Lo apartó de los hombres y los santos

AUN DIRIA MAS

La fugacidad nos pone en desbandada. La fugacidad encierra al
porvenir bajo mi puño y letra. La fugacidad habla por la boca circular
de un pozo en cuyo fondo se enmohece la llave de uno mismo. Bajo su
trama, cosas terribles se preparan. Mas yo no me intimido y
semejantes presagios endurecen mi fuero interno mientras propago
mis huellas en patios de bruma donde los adoquines saltan como
habas en agua hirviente. Aún diría más: el peligro es mi oficio y
cuando no lo sufro, mi reflexión encalla en la atonía o mis velas
enrojecen de ira al recordar sus días de tránsito glorioso. Haya riesgos
aquí, peligro de perder la existencia—el cuerpo cuando menos—al
cruzar leves tarimas en mitad de una villa de tinta fresca, indecisa,
oprimida aún por el peso inexperto de una mano que sólo ahora
aprende a dibujar.

MINISTERIAL WAITINGROOM

After so much sitting
The sacred big shot grew roots
Branches nodes leaves
He didn't touch death
He didn't hear the rusty gold
Of the gates of heaven
Turning
His spinal cord slipped away like a snake
The vanity of the enlightened one
Drew him apart from men and saints.

[W.B.]

I'D EVEN SAY MORE

What is fleeting casts us into confusion. What is fleeting locks the
future under my own hand. What is fleeting talks from a well's circular
mouth in whose depth the key to oneself is rusting. Terrible things are
concocted in its scheme. But I am not intimidated and similar
auguries simply harden my inner will while I propagate my footprints
through misty patios where cobblestones leap like beans in boiling
water. I'd even say more: danger is my job and when I'm free of it, my
thought shipwrecks on bodily weakness or my sails redden with rage
when I remember those days of glorious voyage. It's risky here, a
danger of losing existence—at least my body— when I cross tenuous
platforms in the middle of a village of fresh ink, indecisive, still
burdened by the clumsy weight of a hand that only now begins to
draw.

[W.B.]

EL HIJO PRODIGO

El hijo pródigo que retorna a casa del padre varias veces, convierte el arrepentimiento en manida costumbre. Purificación y pecado, alternados con grosera constancia, hunden al hijo pródigo en un círculo risible de contradicciones. Lavada con lejía incandescente, su alma se adelgaza a tal grado que ya se le confunde con ese raro linaje de aparecidos cuyas pisadas no dejan rastro en la arena más sensible y memoriosa. El hijo pródigo que intenta el regreso tantas veces no retorna nunca; se demora mirando frescas manchas de hiedra en el muro, dibujos lívidos bifurcándose en arroyos que sorbe de pronto la tierra ávida.

Sus recuerdos bajan de un potro sin nombre; se conectan entre sí formando absurdos nudos de memoración, fúlgidas lianas que lo sitian en un contrapunto de trinos y campanadas lúgubres. Así el hijo pródigo aprende que lo sagrado es eventual cuando sus imágenes son barridas del pecho apenas aparecen las temidas solicitaciones.

Un súbito cardillo traspasa los ojos. De nuevo el joven atrozmente imantado será movido de su quicio como una puerta que el furor convierte en ala. El llamado inextinto se hará carne en la uva, semilla en el deseo. Dejad en paz a este pobre que a semejanza del infierno está plagado de buenas intenciones. Su juramento sube, gana la estratósfera quizá nada más para multiplicar en el vértigo la dolorosa diversidad de los añicos.

THE PRODIGAL SON

The prodigal son, who often returns to his father's house, turns repentance into a trite habit. Purification and sin, alternating with vulgar constancy, plunge the prodigal son into a laughable circle of contradictions. Washed with buring lye, his soul shrinks to the point of blending with that rare lineage of those who show up with footsteps leaving no trace on the most sensitive and impressionable sand. The prodigal son who tries to come back often never returns; he stalls looking at fresh stains of ivy on the wall, ashen drawings splitting into springs that the thirsting earth suddenly sucks.

His memories get down from a nameless colt; they interlock forming absurd knots of memorization, glittering vines that besiege him in a counterpoint of trills and lugubrious bells. So the prodigal son learns that the sacred will come only when its images are swept from his chest as soon as the dreadful pleas are heard.

A sudden gold thistle sticks into his eyes. Again the young man, atrociously magnetized, will be driven from himself like a door madness turns into a wing. The so-called inextinct becomes flesh in the grape, seed in desire. Leave this poor man alone who like hell is plagued with good intentions. His oath rises, reaches the stratosphere—maybe only to multiply the aching distinct pieces in a pit of dizziness.

[M.B.]

De VIA RAPIDA

Para Arthur e Inge Miller

1

Cuando no haya espejos
Habrá que mirarse en un gran cero de viento
La golondrina sangra
Por no medir el agujero en la ventana
Apenas sé qué estoy diciendo
Apenas sé que la dicha
Es quedarse quieto
Mientras tú sucedes.

6

La muerte canta nosotros nos callamos
Mientras arreglas el trineo
El sueño ha partido y te ha dejado
Los que se aferran son llevados
Con todo y la argolla donde se han prendido
Apenas hay tiempo para elegir
Entre la llamarada quieta
Y el joven flamboyán
A oscuras estamos aunque se transfigure la mañana
Siempre a oscuras para mejor leer al viento
La muerta canta nosotros nos callamos.

11

En los labios amanece el aire
Y en el aire anida la percha sublime de la cruz
Y en ella cuelgo por un instante
Los fastos y las nieblas de mi ser entero
Tu reino es todo lugar prevenido contra el odio
Oh escanciador de transparencias
Llena la copa y la existencia
Acuérdate de mí ahora que no estás en tu reino
Ahora que las rosas cortadas duermen
En la espléndida almohada de su propia cabeza
Y yo me despido
Con esa elegante ligereza
De las personas que nada han comprendido.

15

En esa cárcel la inmensidad canta a borbotones
La vigilia divide con un ladrillo incandescente
La carne viva y la carne muerta
Algo entendemos al comienzo de la noche
En mitad de la noche no entendemos nada
Al fin de la noche completamente enloquecemos

From SPEEDWAY

For Arthur and Inge Miller

1

When there are no mirrors
One will have to look at oneself in the great zero of the wind
The swallow bleeds
For it didn't gage the window's hole
I hardly know what I'm saying
I hardly know that joy
Means being still
While you happen

6

Death sings we keep quiet
While you arrange the sleigh
Dream went away and abandoned you
Those who hang on are carried off
Even with the ring they hold on to
There's scarcely time to choose
Between the silent bonfire
And the young poinciana
We are in darkness though morning is transfigured
Always in darkness to help us read the wind
Death sings we keep quiet

11

Air dawns in the lips
And the sublime perch of the cross nests in the air
And on it I hang—for an instant—
The luck and mist of my whole being
Your kingdom is each place safe from hatred
O cupbearer of transparencies
Fill the cup and existence
Remember me now that you are not in your kingdom
Now that cut roses sleep
On the splendid pillow of their own heads
And I say goodbye
With that elegant ease
Of those people who have understood nothing

15

In that jail enormity sings bubbling out
Waiting splits live flesh and dead flesh
With a burning brick
We understand something at the start of night
Halfway through night we understand nothing
At the end of night we are wholly mad

Oh aurora aurora levántate y pelea
Trae contigo tu navaja tu rayo de cristal
Atraviesa este cosmos membranoso
Deja que el ladrón apuñale tu cuerpo fingido con almohadas
Y que yo mienta y diga a los otros que te he visto
Cuando mi cráneo sea una plancha clara
Por donde llegue el cielo sin yo invocarlo.

PALOS DE CIEGO

A Jaime García Terrés

En la negra bodega los palos del ciego
Abanican el vacío;
Una y otra vez el panal enllamarado
Elude el bastonazo, esquiva la ira
Del golpe que intenta convertirlo
En rebosante cascada de lucernas.
Una y otra vez la presa cobra al cazador;
Se falla, no se acierta;
El gran nudo corredizo
No ciñe pálidas corolas.

Y de repente, sin que la desdeñada magia
Lo sueñe o lo pretenda,
Un palo de ciego
Parte en dos el anciano castillo de la realidad.
El beso da en el blanco;
Hasta ser puertas crecen las ventanas
Y cual gárgola dulce
La boca gotea innombrables mariposas.

Desde ese momento los dioses muertos
Se truecan en otros que respiran;
Góticas torres tornasoles
Penetran la mañana vestida con unos cuantos pájaros
Y hablan y hablan interminablemente
Con la luz que se desnuda en medio de la plaza.

Palos de ciego el ciego lanza
En la noche total;

Oh dawn dawn rise and fight
Take your blade with you your crystal beam
Penetrate this membranous cosmos
Let the thief stab your body hidden in pillows
And let me lie and tell the others I saw you
When my skull is a bright plate
Where heaven comes without my calling.

[M.B.-W.B.]

THE BLINDMAN'S CANE

For Jaime García Terrés

In the black tavern the blindman
Fans his canes in the void.
Again and again the flaming honeycomb
Dodges the stick, ducks the fury
Of his blows that would turn it
Into a crashing cascade of glowworms.
Again and again the hunter pays the prey;
He fails, he misses.
The huge slippery noose
Doesn't squeeze the pale corollas.

And though despised magic
Cannot dream or claim it, suddenly
The blindman's cane
Cracks the ancient castle of reality in two.
The kiss hits the target.
Windows grow until they are doors.
And like a gentle gargoyle
The mouth drips unnameable butterflies.

From that second on the dead gods
Turn into others who breathe.
Iridescent gothic towers
Penetrate the morning robed with a few birds
And talk and talk interminably
With light stripping in the middle of the square.

The blindman hurls blind blows
Into the total night.

151

Mas de pronto da en el blanco
Y una resplandeciente niña,
Con un solo monosílabo de fuego
Doma los bullentes hemistiquios del amor.

Ahora sí brilla entre las jarcias
Una selva de collares explosivos
Y el inocente abraza por su talle
El frondoso verano que le pertenece
Y toma por el cuello a la realidad
Y la hace vomitar sus piedras más hermosas.

Ahora sabemos que el alma está despierta
Porque sus habitaciones aún se hallan prendidas.
No se gasta más la pólvora
En lívidos infiernitos;
El ojo ha visto, el ojo ha despertado.
En el palenque ya no se degüellan ambos gallos
Y he aquí que la piedad también amanece para el victorioso.

Ya es la golondrina el palpitante nudo
Que ata el vuelo pasado al vuelo por venir.
También el universo, con un soberbio palo de ciego,
Fue rescatado de entre las nieblas cuaternarias
Y ofrecido a nosotros,
Entre sus delirantes galas.

But suddenly he hits the target
And a radiant girl,
With only a monosyllable of fire,
Tames the boiling hemistiques of love.

Yes now a jungle of exploding necklaces
Gleams amid the rigging
And the innocent man hugs leafy summer
By the waist—it is his—
And seizes reality by the neck,
Making it puke out the handsomest stones.

Now we know the soul is awake,
For their habitations are lighted.
Gunpowder is no longer wasted
In dim small hells.
The eye has seen, the eye has wakened.
Now both cocks don't tear each other apart in the pit
And here pity dawns for the victor.

Now a swallow is the throbbing noose
That binds the past and coming flight.
With the blindman's sovereign cane
Even the universe
Was rescued from quarternary mist
And offered to us
Draped in delirious clothing.

[W.B.]

SE AGRIETA EL LABIO NACE LA PALABRA

Para mi gran amigo Arturo González Cosío

Se agrieta el labio nace la palabra
Surge un otoño de hojas verdes y perpetuas
Aquí es allá el norte ya no existe
Vamos en viaje todos
La isla avienta contra el aire su ancla milenaria

Solas se dicen las palabras
Pálidos rubíes que manan de la plena bonanza
Arados de luz sobre las aguas
Unitarias palabras semejantes
A una selva que se vuelva un árbol

Un mismo árbol creciendo
Como un solitario y fabuloso perchero para pájaros

Hay que apilarlas como pesos de fuego
Pagar con ellas por el milagro que conceden
O echarlas a volar como una baraja de cantáridas
Bajo la piel de ciertos ciegos

Se agrieta el labio nace la palabra
Viajamos por una ventana erizada de sonrisas
El castor hunde su diente minucioso en pilares de ceniza
Caminan las palabras por la calle torturada
Que va desde la garganta al infinito
Marchan las palabras en perfecta disciplina
Hacia la gorjeante emboscada de sí mismas

Ellas nos comunican o nos matan
Denodadas palabras
Llaves maestras de los pechos
Que también abren la caja fuerte y porosa de las piedras
Ellas nos comunican o nos matan
Y suben por la noche los tejados
En que autómatas orean sus camisas de lámina

Se agrieta el labio nace la palabra
El cielo agita su collar sonoro sus brazaletes de campanas
Corremos montados en el ciervo que perseguimos
Aquí es allá
Traspasamos la estallante hornaza
Que mueve rizos de mármol en la cornisa
Hemos llegado
Por una rendija en el misterio
Al corazón de la palabra hemos llegado

THE LIP CRACKS THE WORD IS BORN

for my great friend Arturo González Cosío

The lip cracks the word is born
An autumn bursts with green and everlasting leaves
Here is there the north no longer is
All of us travel
The island hurls its millenary anchor against the wind

Words are said alone
Pale rubies flow from a cornucopia
Plows of light over the waters
Unitary words similar
To a forest that becomes a tree

A tree growing
Like a lonely and fabulous perch for birds

We pile them up like masses of fire
Use them to pay for miracles they concede
Or toss them in the sky like a pack of Spanish flies
Under the skin of certain blindmen

The lip cracks the word is born
We travel through a window bristling with smiles
The beaver digs its meticulous tooth into columns of ash
Words walk through the tortured street
Stretching from a throat to infinity
Words march perfectly disciplined
Toward a warbling ambush of themselves

They talk to us or kill us
Bold words
Passkey to our breasts
That also opens the porous strongbox of stones
They talk to us or kill us
And climb the night roofs
Where automatons air their sheet-iron shirts

The lip cracks and the word is born
The sky shakes its deep jangling necklace its bracelets of bells
We race riding on the deer we are chasing
Here is there
We penetrate the exploding crucible
That fans marble curls on the cornice
We've arrived
Through a crevice in the mystery
To the word's heart we've arrived.

[M.B.]

Alejandra Pizarnik

ARGENTINA, 1936-1972

Translated by Lynne Alvarez

By the time she took her life, Alejandra Pizarnik had already received wide recognition for her strange and intense poetry. "I have met few beings," writes Enrique Molina, "so fully marked by a poetic destiny. Strangely, all her elements—her birds, her clouds, that country she inhabited like an orphan keeping an immense secret, her memory and her passion—seem to follow two essential co-ordinates: the dazzle of childhood, whose powers would survive in her, and a lasting sensation of death, yet another terrible dazzle which flung her into astonishment and terror."

She was, according to Molina, "the daughter of insomnia." Pizarnik published *La tierra más ajena* (1955), *La última inocencia* (1956), *Las aventuras perdidas* (1958), *Arbol de Diana* (1962), *Los trabajos y las noches* (1965), *Extracción de la piedra de la locura* (1968), *Nombres y figuras* (1969), *La Condesa sangrienta* (1971), *El infierno musical* (1971). Her complete poetry will be published by Editorial Sudamericana.

EL DESPERTAR

Señor
La jaula se ha vuelto pájaro
y se ha volado
y mi corazón está loco
porque aúlla a la muerte
y sonríe detrás del viento
a mis delirios

Qué haré con el miedo
Qué haré con el miedo

Ya no baila la luz en mi sonrisa
ni las estaciones queman palomas en mis ideas
Mis manos se han desnudado
y se han ido donde la muerte
enseña a vivir a los muertos

Señor
El aire me castiga el ser
Detrás del aire hay monstruos
que beben de mi sangre
Es el desastre
Es la hora del vacío no vacío
Es el instante de poner cerrojo a los labios
oír a los condenados gritar
contemplar a cada uno de mis nombres
ahorcados en la nada

Señor
Tengo veinte años
También mis ojos tienen veinte años
y sin embargo no dicen nada

Señor
He consumado mi vida en un instante
La última inocencia estalló
Ahora es nunca o jamás
o simplemente fue

¿Cómo no me suicido frente a un espejo
y desaparezco para reaparecer en el mar
donde un gran barco me esperaría
con las luces encendidas?

¿Cómo no me extraigo las venas
y hago con ellas una escala
para huir al otro lado de la noche?

THE AWAKENING

Lord
The cage has become a bird
and has flown away
and my heart is crazy
because it howls at death
and smiles behind the wind
at my ravings

What will I do with my fear
What will I do with my fear

Light no longer dances in my smile
nor do seasons burn doves in my ideas
My hands have stripped themselves
and have gone where death
teaches the dead to live

Lord
The air punishes my being
There are monsters behind the wind
that drink my blood
It is disaster
It is the time of the void that isn't empty
It is the instant to seal your lips
to listen to the damned scream
to contemplate each of my names
choked in nothingness

Lord
I am twenty years old
My eyes are also twenty
And yet they say nothing.

Lord
I have consummated my life in an instant
The ultimate innocence burst
Now it is never or never again
or it simply was

How is it I don't kill myself in front of a mirror
and disappear to reappear in the ocean
where a great ship would wait for me
with it lights aglow?

How is it I don't extract my veins
and make a stairway out of them
to flee to the other side of night?

El principio ha dado a luz el final
Todo continuará igual
Las sonrisas gastadas
El interés interesado
Las preguntas de piedra en piedra
Las gesticulaciones que remedan amor
Todo continuará igual

Pero mis brazos insisten en abrazar al mundo
porque aún no les enseñaron
que ya es demasiado tarde

Señor
Arroja los féretros de mi sangre

Recuerdo mi niñez
cuando yo era una anciana
Las flores morían en mis manos
porque la danza salvaje de la alegría
les destruía el corazón

Recuerdo las negras mañanas de sol
cuando era niña
es decir ayer
es decir hace siglos

Señor
La jaula se ha vuelto pájaro
y ha devorado mis esperanzas

Señor
La jaula se ha vuelto pájaro
Qué haré con el miedo

The beginning has delivered the end
Everything will continue as it is
Smiles spent
Interest possessive
Questions from stone to stone
Gestures that imitate love
Everything will continue as it is

But my arms insist on embracing the world
because they haven't been taught yet
that it is already too late

Lord
Throw out the coffins from my blood

I remember my childhood
when I was an old woman
Flowers died in my hands
because the savage dance of joy
destroyed their hearts.

I remember the black sunny mornings
when I was a little girl
that is to say yesterday
that is to say centuries ago

Lord
The cage has become a bird
and has devoured my hopes

Lord
The cage has become a bird
What will I do with my fear

SALVACION

Se fuga la isla.
Y la muchacha vuelve a escalar el viento
y a descubrir la muerte del pájaro profeta
Ahora
es el fuego sometido.
Ahora
es la carne
 la hoja
 la piedra
perdidas en la fuente del tormento
como el navegante en el horror de la civilización
que purifica la caída de la noche.
Ahora
la muchacha halla la máscara del infinito
y rompe el muro de la poesía.

LA NOCHE

Poco sé de la noche
pero la noche parece saber de mí,
y más aún, me asiste como si me quisiera,
me cubre la conciencia con sus estrellas.

Tal vez la noche sea la vida y el sol la muerte.
Tal vez la noche es nada
y las conjeturas sobre ella nada
y los seres que la viven nada.
Tal vez las palabras sean lo único que existe
en el enorme vacío de los siglos
que nos arañan el alma con sus recuerdos.

Pero la noche ha de conocer la miseria
que bebe de nuestra sangre y de nuestras ideas.
Ella ha de arrojar odio a nuestras miradas
sabiéndolas llenas de intereses, de desencuentros.

Pero sucede que oigo a la noche llorar en mis huesos.
Su lágrima inmensa delira
y grita que algo se fue para siempre.

Alguna vez volveremos a ser.

SALVATION

The island flees,
And the girl returns to climb the wind
and to discover the death of the prophet bird
Now
is the fire subdued.
Now
is the flesh
  the lead
  the stone
lost in the heart of the storm
as the navigator in the horror of civilization
that purifies night's fall
Now
the girl finds the mask of the infinite
and breaks the wall of poetry.

NIGHT

I know little of the night
but the night seems to know of me
and even more, helps as if it loved me,
it covers my consciousness with stars.

Perhaps night is life and the sun is death.
Perhaps night is nothing
and conjectures about her nothing
and the beings that live her nothing.
Perhaps words are the only things that exist
in the enormous void of the centuries
that scratch our souls with their remembrances.

But night must know the misery
that drinks our blood and our ideas.
She must fling hatred at our glances
knowing they are full of concerns and avoidances.

But at times I hear night weeping in my bones.
Her immense tear rants
and screams that something has left forever.

Some day we will be again.

LA JAULA

Afuera hay sol.
No es más que un sol
pero los hombres lo miran
y después cantan

Yo no sé del sol.
Yo sé la melodía del ángel
y el sermón caliente
del último viento.
Sé gritar hasta el alba
cuando la muerte se posa desnuda
en mi sombra.

Yo lloro debajo de mi nombre.
Yo agito pañuelos en la noche
y barcos sedientos de realidad
bailan conmigo.
Yo oculto clavos
para escarnecer a mis sueños enfermos.

Afuera hay sol.
Yo me visto de cenizas.

EL MIEDO

En el eco de mis muertes
aún hay miedo.
¿Sabes tú del miedo?
Sé del miedo cuando digo mi nombre.
Es el miedo,
el miedo con sombrero negro
escondiendo ratas en mi sangre,
o el miedo con labios muertos
bebiendo mis deseos.
Sí. En el eco de mis muertes
aún hay miedo.

THE CAGE

It is sunny outside.
It is only the sun
yet men look at it
and then sing.

I know nothing about the sun.
I know the angel's melody
and the hot sermon
of the last wind.
I know how to call out until dawn
when death lies naked
in my shadow.

I cry beneath my name.
I wave handkerchiefs in the night
and ships thirsty for reality
dance with me.
I hide nails
to shred my sickly dreams.

It is sunny outside.
I dress in ashes.

FEAR

In the echo of my deaths
there is still fear.
Do you know about fear?
I know about fear when I say my name.
It is fear,
fear with a black hat
hiding rats in my blood
or fear with dead lips
drinking my desires.
Yes. In the echo of my deaths
there is still fear.

De ARBOL DE DIANA

1

He dado el salto de mí al alba.
He dejado mi cuerpo junto a la luz
y he cantado la tristeza de lo que nace.

2

Estas son las versiones que nos propone:
un agujero, una pared que tiembla. . .

3

sólo la sed
el silencio
ningún encuentro

cuídate de mí amor mío
cuídate de la silenciosa en el desierto
de la viajera con el vaso vacío
y de la sombra de su sombra

4

         AHORA BIEN:
Quién dejará de hundir su mano en busca
del tributo para la pequeña olvidada. El frío
pagará el viento. La lluvia pagará.
Pagará el trueno.

5

por un minuto de vida breve
única de ojos abiertos
por un minuto de ver
en el cerebro flores pequeñas
danzando como palabras en la boca de un mudo

6

ella se desnuda en el paraíso
de su memoria
ella desconoce el feroz destino
de sus visiones
ella tiene miedo de no saber nombrar
lo que no existe

7

Salta con la camisa en llamas
de estrella a estrella.
de sombra en sombra.

From DIANA'S TREE

1

I have leapt from myself to the dawn.
I have left my body next to the light
and I have sung the sadness of what is born.

2

These are the versions that you offer us:
a needle, a wall that trembles. . . .

3

only thirst
silence
no encounter

beware of me my love
beware of the silent one in the desert
of the woman traveler with the empty glass
and of the shadow of her shadow.

4

ALL RIGHT NOW:
Who will stop submerging their hand in search
of the tribute for the little forgotten girl. The cold
will pay the wind. The rain will pay.
The thunder will pay.

5

for a minute of brief life
unique with open eyes
for a minute of seeing
small flowers in the brain
dancing like words in the mouth of a mute.

6

she undresses in the paradise
of her memory
she doesn't know the savage destiny
of her visions
she is afraid of not knowing how to name
what doesn't exist.

7

She jumps with her shirt in flames
from star to star
from shadow to shadow.

Muere de muerte lejana
la que ama al viento.

8

Memoria iluminada, galería donde vaga
la sombra de lo que espero. No es verdad
que vendrá. No es verdad que no vendrá.

9

Estos huesos brillando en la noche,
estas palabras como piedras preciosas
en la garganta viva de un pájaro petrificado,
este verde muy amado,
este lila caliente,
este corazón sólo misterioso.

10

un viento débil
lleno de rostros doblados
que recorto en forma de objetos que amar

11

ahora
   en esta hora inocente
yo y la que fui nos sentamos
en el umbral de mi mirada

12

no más las dulces metamorfosis de una niña de seda
sonámbula ahora en la cornisa de niebla

su despertar de mano respirando
de flor que se abre al viento

13

explicar con palabras de este mundo
que partió de mí un barco llevándome

She dies a distant death
the girl who loves the wind.

8

Illuminated memory, gallery where
the shadow of what I wait for wanders.
It is not true that it will come. It is
not true that it will not come.

9

These bones shining in the night,
these words like precious stones
in the live throat of a petrified bird,
this well-beloved green,
this warm lilac,
this heart solely mysterious.

10

a weak wind
full of bent faces
that I cut out in the shape of objects to love.

11

now
  in this innocent hour
I and the girl I once was sit
on the edge of my gaze.

12

no more sweet metamorphoses of a silken girl
somnambulant now on the cornice of mist

her awakening a breathing hand
a flower that opens in the wind.

13

to explain with words of this world
that a boat sailed from me carrying me away.

EXILIO

A Raúl Gustavo Aguirre

Esta manía de saberme ángel,
sin edad,
sin muerte en qué vivirme,
sin piedad por mi nombre
ni por mis huesos que lloran vagando.

¿Y quién no tiene un amor?
¿Y quién no goza entre amapolas?
¿Y quién no posee un fuego, una muerte,
un miedo, algo horrible,
aunque fuere con plumas,
aunque fuere con sonrisas?

Siniestro delirio amar a una sombra.
La sombra no muere.
Y mi amor
sólo abraza a lo que fluye
como lava del infierno:
una logia callada,
fantasmas en dulce erección
sacerdotes de espuma,
y sobre todo ángeles,
ángeles bellos como cuchillos
que se elevan en la noche
y devastan la esperanza.

EXILE

To Raul Gustavo Aguirre

This mania to see myself as an angel,
ageless
without a death in which to live
without pity for my name
nor for my bones which weep wandering.

And who doesn't have a love?
And who doesn't feel joy among the poppies?
And who doesn't possess a fire, a death,
a fear, something horrible
even though it were feathered
even though it came with smiles?

Sinister delusion to love a shadow.
The shadow doesn't die
And my love
only embraces what flows
like lava from hell:
a silent lodge
ghosts sweetly erect
priests of foam
and above all angels
angels as beautiful as knives
that arise during the night
and lay waste to hope.

CENIZAS

La noche se astilló en estrellas
mirándome alucinada
el aire arroja odio
embellecido su rostro
con música.

Pronto nos iremos

Arcano sueño
antepasado de mi sonrisa
el mundo está demacrado
y hay candado pero no llaves
y hay pavor pero no lágrimas.

¿Qué haré conmigo?

Porque a Ti te debo lo que soy

Pero no tengo mañana

Porque a Ti te. . .

La noche sufre.

ASHES

Night splintered into stars
watching me dazzled
the air radiates hatred
its face embellished
with music.

We will leave soon.

Secret dream
precursor of my smile
the world has wasted away
and there is a lock but no keys
and there is dread but no tears.

What will I do with myself?

Because You have made me what I am

But I have no tomorrow

Because You have made me. . .

The night suffers.